旅游资源开发与管理探索

廖慧娟　闫利娜　周涛　著

辽宁大学出版社　沈阳

图书在版编目（CIP）数据

旅游资源开发与管理探索/廖慧娟，闫利娜，周涛著．--沈阳：辽宁大学出版社，2024．12．--ISBN 978-7-5698-1882-6

Ⅰ.F592.3

中国国家版本馆 CIP 数据核字第 2024ER0155 号

旅游资源开发与管理探索
LÜYOU ZIYUAN KAIFA YU GUANLI TANSUO

出 版 者：	辽宁大学出版社有限责任公司
	（地址：沈阳市皇姑区崇山中路 66 号　邮政编码：110036）
印 刷 者：	沈阳市第二市政建设工程公司印刷厂
发 行 者：	辽宁大学出版社有限责任公司
幅面尺寸：	170mm×240mm
印　　张：	14
字　　数：	220 千字
出版时间：	2024 年 12 月第 1 版
印刷时间：	2025 年 1 月第 1 次印刷
责任编辑：	李珊珊
封面设计：	徐澄玥
责任校对：	夏明明

书　　号：	ISBN 978-7-5698-1882-6
定　　价：	88.00 元

联系电话：024-86864613
邮购热线：024-86830665
网　　址：http://press.lnu.edu.cn

前　言

随着全球化的不断深入和经济的快速发展，旅游业已成为推动世界经济增长的重要力量。随着旅游业的繁荣和旅游人数的不断增加，旅游资源的规划和开发开始受到社会各界的普遍关注。所谓旅游资源，是指能对旅游者产生吸引力，并具备一定旅游功能和价值的自然和人文因素的原材料，它是发展旅游事业的基本物质条件，是旅游业发展的前提和基础，属于社会资源的范畴。旅游资源本身所蕴含的美学特征及历史文化价值是旅游者出游的根本动力之一。一个国家或地区旅游业的发展规模和前景，在很大程度上取决于该国或该地区旅游资源的特色、丰度、分布以及旅游资源的开发、利用、管理和保护等状况。改革开放以来，我国的旅游资源开发与管理取得了巨大成就，历史悠久，民族众多、绚丽多彩的自然旅游资源和博大精深的人文旅游资源为中国旅游业的持续升温注入了活力。

本书深入剖析了旅游资源的内涵、分类、生成及其调查与评价方法，为旅游资源的科学开发与管理提供了理论基础。书中系统阐述了旅游资源开发规划的原理与编制方法，涵盖了气候、自然景观及人文景观等多样化资源的开发策略。进一步探讨了旅游资源的运营管理，包括管理体制、产权管理及质量管理等关键环节。书中还特别强调了旅游资源的多元化管理，如信息管理、利益相关者管理及数字化管理，旨在实现资源的高效利用与可持续发展。最后，书中对旅游资源的保护进行了深入讨论，包括开发与环境保护的平衡、保护手段以及旅游社区的健康发展，为实现旅游资源的长期保护与合理利用提供了指导。对旅游从业人员、旅游教学研究者及学习者具有一定的参考价值。

本书在写作过程中，作者参考引用了许多学者的研究成果，在本书的最后列出了主要的参考文献，在此表示衷心的感谢。在写作的过程中，由于资料收集和研究水平等方面原因，本书难免有不足或疏漏之处，敬请各位同仁和热心读者批评指正，以便进一步的修订和提高。

作 者

2024 年 8 月

目 录

前　言 …………………………………………………………………… 1

第一章　旅游资源概论 …………………………………………………… 1

第一节　旅游资源内涵 ………………………………………………… 1
第二节　旅游资源的分类与生成 ……………………………………… 15
第三节　旅游资源调查与评价 ………………………………………… 28

第二章　旅游资源开发规划 ……………………………………………… 39

第一节　旅游资源开发理论基础 ……………………………………… 39
第二节　旅游资源开发规划原理 ……………………………………… 57
第三节　旅游资源开发规划编制 ……………………………………… 63

第三章　旅游多种资源开发 ……………………………………………… 70

第一节　气候旅游资源开发 …………………………………………… 70
第二节　不同自然景观旅游资源开发 ………………………………… 87
第三节　多样化人文景观旅游资源开发 ……………………………… 117

第四章　旅游资源运营管理 ……………………………………………… 128

第一节　旅游资源管理体制 …………………………………………… 128
第二节　旅游资源产权管理 …………………………………………… 136

1

第三节　旅游资源质量管理 …………………………………… 145

第五章　旅游资源多元化管理 …………………………………… 155

第一节　旅游资源信息管理 …………………………………… 155
第二节　旅游资源开发利益相关者管理 ……………………… 169
第三节　旅游资源的数字化管理 ……………………………… 176

第六章　旅游资源保护 …………………………………………… 185

第一节　旅游资源开发与环境保护 …………………………… 185
第二节　旅游资源保护手段 …………………………………… 189
第三节　旅游社区健康发展 …………………………………… 203

参考文献 ……………………………………………………………… 212

第一章　旅游资源概论

第一节　旅游资源内涵

一、旅游资源的概念及内涵

商品，或者说产品的原料是资源，资源是建立产业的基础。开发旅游产品、发展旅游产业时，需要我们正确认识旅游资源，尤其是要把握好旅游资源的内涵和外延。

（一）旅游资源的概念

资源是一个经济学概念，以前指的是来源于自然的生产、生活资料，如今指的是在人类社会和自然界里客观存在的生活或者生产资料。比如，人类社会中的资本资源、人力资源、政治资源、技术资源、文化资源，以及自然界中的森林资源、煤炭资源、土地资源、水力资源、石油资源等。这些资源都具有两个基本属性，即"基础性"与"有用性"。

作为资源的一种，旅游资源是随着现代旅游活动和旅游产业发展而形成的全新概念，对旅游资源的认识随着对其的评价、调查以及开发、管理而不断深化，至今仍没有达成一致。旅游涉及多个学科，包括地理学、经济学、社会学、管理学等，每个学科都能从自身角度出发来解释旅游资源。

1. 原材料

从经济学的角度来看，旅游资源其实是一种原材料，它可以吸引人们前来观光、游玩。这些原材料既可以是客观存在的物质，又可以是非物质形态的。但是，它们并不是自带吸引力，而是需要通过开发来获得游客的青睐。这些具有旅游价值和功能，可以吸引游览者的自然、人文因素原材料，就是旅游资源。经济学将资源和景点看作两个不同的事物，其中，资源为原材料，而景点为吸引物。

2. 自然存在与文化遗产

从地理学角度来看，旅游资源是那些具有吸引力的自然和人文因素，即可以吸引游客参观的历史文化遗产、自然存在以及专门设计服务旅游的各种人工创造产物。也就是说，所有客观存在于某个地域空间的自然存在、社会现象或者历史文化遗产，只要其具备审美的价值，可以吸引游客进行参观，这样的事物便是旅游资源。

3. 事物与现象

作为开放系统，旅游资源的核心为旅游产品，所有具备旅游开发潜力的存在，不管其是无形的还是有形的，都算是一种旅游资源。也就是说，存在旅游的价值、功能，能吸引游客的自然、人文因素的综合事物便是旅游资源。在这个观点中，旅游资源的内容包括所有存在旅游吸引力的事物以及现象。

4. 因素和条件

有观点认为，旅游业依靠旅游资源发展，而可以让人们萌生旅游的想法并付诸实践的种种因素的综合便是旅游资源；或者说，任何一种因素，如人文因素、自然因素，当其可以形成一个吸引旅游者目光的环境时，便构成了旅游资源；所有能够进行旅游开发的因素都是旅游资源。在这种观点中，旅游资源的内容得到了扩展，涉及各种存在旅游盈利的设施、事物等。

5. 客体和劳务

旅游资源指的是所有能让人们进行观赏、游览、度假、探险、娱乐、研究、休息、疗养、消磨时间和相互交流的劳务与客体。

6. 旅游系统

在旅游者眼中，旅游资源就是旅游者最终到达的目的地以及和旅游相关的各种设施、服务；从旅游地视角来看，旅游资源就是客源市场。所以，旅游资源就是关于主体、客体、介体，也就是客源市场、旅游地资源和旅游服务、设施相互之间吸引力的总和。

7. 旅游吸引物

在国外，有一种观点，将旅游资源视为旅游吸引物，即能够对游客产生吸引力的旅游地所有因素的总和。比如：在英国，旅游局专门对旅游吸引物进行了分类，主要包括园艺、工厂、历史遗迹、蒸汽汽车、博物馆和美术馆、其他吸引物等。

通过上述这些定义，我们可以看出，旅游资源的外延多种多样，一些说的是"事物、活动、现象"，一些说的是"旅游客体、主体和介体"，还有一些说的是"自然存在、人工创造物和文化遗产"。但不管怎样，这些定义在描述旅游资源内涵时，基本上都涉及三个方面，即旅游资源的旅游吸引性、客观实在性以及综合效益性。

产品以资源为原料，旅游资源则是指自然界和人类社会里所有可以对旅游者产生吸引力，且经过开发、利用后能够发挥经济、环境、社会效益的旅游产品，包括各种现象、活动与事物。所以，要将旅游产品作为前提，对旅游资源进行狭义与广义两个方面的深入理解。狭义的旅游资源就是指景区、景观产品原材料；而综合旅游产品，除了关键的景观产品，还包括旅游服务、商品和设施、设备等要素，由此所构成的便是广义的旅游资源，它的范围更加广泛，不仅包括旅游资源，还包括资本、社会、人力和技术资源。因为一定产业建立在一定的自然物质资源基础上，又需要一定的社会资源，如资本资源、人力资源、技术资源、组织资源等。

旅游吸引物也有着广阔的范围，它是旅游目的地中对游客产生吸引力的旅游休闲活动因素的总和。除了狭义的旅游资源，还包括旅游设施、其他设施，以及自然、人文环境。我国通常称之为旅游客体或旅游对象，西方国家通常称之为旅游吸引物。

（二）旅游资源的概念理解

内涵与外延构成名词的概念。虽然旅游资源的外延十分宽泛，但旅游资源的内涵却相对明确。在这里，我们从旅游资源的存在形态和价值功能两个方面来理解其内涵。

1. 旅游资源是客观存在的（存在形态）

旅游资源的客观存在方面主要存在两个有争论的问题，其主要内容如下：一是物质与精神的争论，即旅游资源既有物质的、有形的，又有非物质的、无形的。旅游资源是有形的、客观存在的物质，如人文和自然旅游资源中的物质文化，这一点人们已达成共识。而对非物质的、无形的、精神的东西，如人文旅游资源中的民族风情、文学艺术等是否是旅游资源，学术界一直存在争议。在旅游资源中，自然界的山川丘陵、湖泊海洋、森林瀑布、动植物，还有人工创造出来的园林、文物等，都是物质的，是有形的客观实体，易被人们认同。但许多无形的、非物质的东西，如文化特征、民族品格、服务特色等，是与具体的人或人群联系在一起，并体现或依附在物质文化之中的，像许仙和白娘子的故事就与西湖断桥、镇江金山寺密不可分。它们是客观存在的精神文化，与物质文化一起构成人文旅游资源。人文旅游资源作为一种文化性旅游资源，包括文化的精神、制度和物质层次。在旅游开发活动中，将那些无形的精神旅游资源进行充分开发之后，既能丰富旅游内容，又能赋予客观存在的有形旅游产品以文化内涵，创造附加价值。二是自然与开发的争论，即旅游资源既包括未开发利用的，又包括已开发利用的。在旅游资源客体形成原因上，一直存在自然与开发的争论。一种观点认为，资源是指未经开发的自然物质条件，是生产生活资料的天然来源，因此，只有未经开发的旅游吸引物才是旅游资源。另一种观点认为，只有被开发过的旅游资源才会转变成旅游吸引物，也就是现实旅游资源，而旅游资源在尚未开发的阶段只能算是"潜在旅游资源"。事实上，没有经过开发、利用的，能对游客产生吸引力的客观实体或因素，只要起到"原材料"的作用，就可以被看作旅游资源；而人工创造物和旅游资源经过开发、利用之后，不但可以被视为加工产品，而且存在着继续开发的潜力，仍然可以视为旅游资源。

2. 旅游资源是动态发展的（存在形态）

旅游资源作为一个开放系统，也是一个动态发展中的概念。随着社会的发展和科技的进步，人们对旅游的需求呈现出个性化、多样化的特征，促使旅游资源范畴越来越大。例如，逐渐兴起的保健旅游，内容包括参观中药材博物馆、访问百岁老人、森林浴等活动。而参与型的旅游活动，除了过去就存在的体验风俗、游泳、滑冰、冲浪等，还出现了滑草、滑沙等新型活动。另外，旅游活动除了常规的地面旅游，还延伸出空中和水中的旅游。例如，一些地方开展潜水观看海底世界、乘坐飞机俯瞰万里蓝天的活动，在不久的将来，或许还会出现登月旅游、太空旅游等超乎想象的新型旅游类型。专为旅游而兴建的人造乐园、微缩集锦式公园、蜡像馆，更是五花八门。特别是各种综合性大型游乐场和旅游景点，融合了先进的科技、丰富的文化与优美的环境，是人们度假、娱乐的不二之选。随着旅游资源的继续扩大，各种当下看来不存在旅游资源特性的因素与客体，将来都可能转变成旅游资源。

3. 旅游资源富有旅游吸引力（价值功能）

自然或者人文资源是否能成功转变成旅游资源，取决于其是否具备足够大的旅游吸引力，能够实现旅游休闲功能，让旅游者享受到身体或精神上的愉悦。所以，旅游吸引力是判定旅游资源的重要依据，是旅游资源的核心价值与根本属性，主要体现在以下三点。

首先，旅游资源作为一种资源，是通过其旅游吸引力来展现自身基本属性的。旅游资源和其他资源一样，具有基础性与实用性，具体体现在其旅游吸引力上。游客正是因为被旅游地的某个对象所吸引，如适宜温暖的气候、千奇百怪的景象、壮丽辽阔的风光、质朴独特的民俗、名声远扬的古迹等，才选择前往旅游地游览。同样地，其基础性使旅游资源作为旅游产业最基本的资源而存在。不过，要特别注意，旅游资源吸引力并不是针对某个游客，而是针对整个游客群体来说的。

其次，旅游吸引力决定了旅游资源的范围。从外延看，旅游资源似乎包罗万象，事物、现象与活动皆可成为旅游资源，但世间万事万物在什么样的条件下才能被视为旅游资源呢？这就需要评价旅游事物的吸引力。一方面，旅游主体的需求和旅游吸引力息息相关。旅游者个性化的需求使得相同客体会对不同旅游者产生不同的吸引力。例如，浓郁的民俗风情、秀丽的自然山川，能够满足城市人返璞归真、回归自然的精神需求，对城市人有着强烈的吸引力；林立的高楼大厦能满足乡村人对现代化的精神需求，对乡村人有着强烈的吸引力。同理，东方人和西方人的旅游资源范围也是不同的。随着经济和社会的发展，人们精神需求的变化推动着旅游资源范围的改变。可见，旅游吸引力与旅游主体（旅游者）的需求密切相连，旅游资源的范围取决于旅游者的需求。另一方面，旅游资源的实用价值决定了其旅游吸引力，即能否满足旅游者审美、消闲和求知等方面的需要。在客观实体中，有的是自然界的鬼斧神工形成的，有的是人类的巧夺天工造就的，类型极为丰富；而无形的文化、思想和艺术更是多如繁星。但在这些内容中，只有能够被旅游行业开发、利用，且能够吸引游客、满足游客需求的才是真正的旅游资源。同理，关于劳务因素能否被看作旅游资源这个问题，也需要经过具体分析之后才能做出正确的结论，而不是一概而论。如果是导游、司机、管理人员等发挥媒介作用的劳务，由于他们对游客并不存在吸引力，所以无法纳入旅游资源范畴。然而，如果是赫赫有名的艺术家，他们的作品可以引起旅游者的关注，让旅游者的需求得到满足。总之，要对各种客观实体或因素进行具体分析，只有那些对旅游者具有一定吸引力的内容才属于旅游资源。

最后，旅游吸引力决定了旅游资源的效益。能够取得的旅游资源效益取决于资源吸引功能的强弱，吸引功能强的旅游资源，能够吸引较多的游客，从而获得较大的经济、社会、环境效益，反之亦然。

4. 旅游资源具有综合效益性（价值功能）

在充分开发、利用旅游资源之后，既可以获得可观的经济效益，又能得到一定的环境与社会效益。旅游地的经济发展、社会进步和对外开放与旅游发展息息相关，旅游地必须营造健康、友好、益智的文化环境，从而有助于社会的进步与和谐发展。同时，为增强旅游地的吸引力，旅游地必须保护优美的环境，从而产生生态环境效益。

二、旅游资源的特征

我们要在把握旅游资源内涵与外延的前提下，对旅游资源特征进行更深层次的认识，就要不但发掘出旅游资源和其他资源之间存在的共性，而且了解到旅游资源自身具备的独特之处，尤其是各种类型旅游资源的特征。只有这样，才能让旅游资源得到有效应用，才能更好地保护和管理旅游资源，促进旅游业的健康发展。

（一）旅游资源的基本特征

作为基础的产业资源，旅游资源既存在资源共有的特性，如稀缺性、实用性、基础性、效益性等，又存在自身的特性。

1. 功能特征——吸引性

旅游资源的核心价值与其本质属性为旅游吸引性，根源于旅游资源作为资源的实用性和基础性特征。旅游资源之所以对旅游者产生吸引力，具有旅游吸引性，是由于旅游资源能够从不同方面满足旅游者的旅游休闲需要，具有实用价值。这里的实用价值主要表现在三个方面：一是有一定的审美价值，可以在审美方面满足旅游者的需求；二是具有娱乐、保健、度假的价值，可以让旅游者在游玩过程中享受到精神上的愉悦，或者进行身体修养，满足休闲的需求；三是有艺术、科技、探险、文化等价值，旅游者可以求知的需求。其中，对旅游资源吸引力有着决定性影响的因素包括旅游资源外部条件、旅游者的具体需求、旅游资源实用价值以及旅游动机。由此可见，判断旅游资源的标准就是是否能实现旅游者需求、具有旅游吸引力以及存在实用价值。凡是具备旅游吸引性的因素，无论是自然存在、人类创造，还是社会现象、社会事件、社会活动，都可以纳入旅游资源范畴。这也是西方旅游界通常使用旅游吸引物来指代旅游资源这一概念的原因。

2. 空间特征——广泛性、区域性、固定性

（1）广泛性

由于旅游者旅游休闲需求的多样性，旅游资源的类型十分丰富，在地域分布上也十分广泛，不同的地理圈层、地理区域都分布着旅游资源。旅游资源在陆地上存在着巍峨耸立的群山与富含文化内涵的遗迹，在水中有着各种各样的海洋生物，在天空中有瞬息万变的天象、气象，在地下存在着四通八达的溶洞和流向神秘的河流；在山区有悄然盛开的桃花，在乡村有美丽的田园，在城市有充满科技感的高楼大厦，在极地有无尽的冰川，在赤道有茂密

的雨林。从本质上讲，地球上的每一个圈层和区域都存在旅游资源，只是时空分布结构不同而已。

(2) 区域性

旅游资源作为地理环境的组成部分，其存在与形成受到地理环境的制约，因而具备区域性特征。每个区域的旅游资源都具有独特之处，引导着旅游者产生空间流动；如果某个地区的人文或自然景象对旅游者有较大的吸引力，这里的人文或者自然景象就成为旅游资源。其中，自然资源的地带性差异十分明显，如热带的雨林、沙漠的驼铃、高山的冰雪等，都和当地的地理环境息息相关。人文资源则具有显著的地域性与民族性特点，因为人们为了生存与发展，便顺应自然、适应自然，进而改造自然，创造出民族文化、地域文化。例如，在民居建筑中，华北地区的四合院、牧区的帐篷与毡房、黄土高原的窑洞、西南地区的竹楼等，都与自然环境的区域差异密切相关。

(3) 固定性

在其他产业，一般是资源及其产品移动去就消费者，旅游行业则是消费者移动去就旅游资源及其产品。尽管某些旅游资源可以移动，甚至可以仿造，但价值就会大打折扣，其个性、内涵以及吸引力也就会消失或大大降低。例如，把秦兵马俑运到外地去展出，脱离当地环境，人们就难以感受到两千年前秦军的兵强马壮、气势磅礴。许多仿造的旅游景观，尽管应用了高超的技术，甚至做到了以假乱真，但它们仍然不可能与真情实景相提并论，因为在旅游者的心目中，它们毕竟不是原物，旅游的文化氛围自然不如原地、原物那么浓厚。因此，旅游资源的开发、利用一般应在当地进行，即旅游基本上是旅游者移动到旅游资源或旅游产品地的活动，而不是把旅游资源运到其他地方再加工、利用。事实上，有不少旅游资源也难以迁移，如风景名胜区、遗址遗迹、森林雪山、海洋湖泊等。

3. 时间特征——节律性、动态性

(1) 节律性

旅游资源具有季节性，其景物会根据季节变化而变化，且对旅游活动和旅游流产生一定影响，特别是民俗和自然旅游资源，季节性特点十分显著。

旅游资源的季节性主要由于自然地理条件差异和气候变化,除此之外,还有人为因素。首先,一些自然景色只存在于特定的某个季节或者时间中。比如,4月中旬是观赏洛阳牡丹花的最佳时间,夏季多雨的时候才能看到黄山的瀑布云海,而只有在冬季,吉林才会出现如梦如幻的树挂景象。其次,同一个景象会在不同的季节中展现出其独特的一面。例如,桂林龙胜县的龙脊梯田从山脚盘绕到山顶,小山如螺,大山似塔,层层叠叠,高低错落。春如层层银带,夏滚道道绿波,秋叠座座金塔,冬似群龙戏水,春、夏、秋、冬各有特色。事实上,人们在为景物命名时,经常会融入气候变化的因素,如在西湖十景中,有苏堤春晓、平湖秋月、断桥残雪等。最后,民俗风情资源具有季节性的循环往复,如春节、端午节、中秋节等。此外,由于人类社会活动的节律性决定了人们出外旅游所被允许的时间,所以影响到旅游资源的季节性。旅游因其季节性特征,有着"淡季""旺季""平季",如在西北地区,呼和浩特只有8月是"旺季";而东部地区处于季风气候区,因此,春天和秋天最适合旅游;哈尔滨的冰灯、潍坊的风筝会、洛阳的牡丹花会等会在特定时期引起突发的旅游高峰。

(2)动态性

旅游资源是一个开放的系统和动态的概念,当旅游者的需求发生变化时,其就会随之发生改变。旅游资源在不同历史时期和文明条件下往往有着不同的含义。而现代旅游业的发展呈现出动态化的特征;由于受到自然和社会因素的影响,过去火热的旅游资源可能不再受游客喜爱,原来不是旅游资源的客体,今天也可能成为旅游资源。

4. 类型特征——多样性、综合性

(1)多样性

旅游资源的类型十分丰富,从自然到人文、从物质到精神、从事物到人类、从物体与事件到现象与活动,世间万事万物,只要存在对旅游者的吸引力,就可以视为旅游资源。

事实上,旅游者对休闲旅游需求的变化使得旅游资源类型呈现不断增长的趋势。

（2）综合性

尽管旅游资源分布广泛，但一定地域存在各种各样的旅游资源，它们相互依存、相互作用，共同组合成一个有机整体，发挥着旅游休闲价值。例如，山与水的组合、山水与生物的组合、自然与人文的组合等。一个地区的旅游资源种类越多，联系越紧密，其生命力越强，地域整体景观效果就越突出，综合开发、利用的潜力也就越大。例如，桂林山水、杭州西湖、湖南张家界等就是以种类繁多、综合特征突出而成为我国著名旅游区的。

5. 经济特征——价值的不确定性、利用的永续性

（1）价值的不确定性

采取科学的方式开发和利用的旅游资源能够产生经济、环境与社会效益，其价值无法单纯用数字来计算。很多资源都可以粗略计算出其价值，如铁矿资源的价值可以依据其开采条件、探明储量、品质、可采储量等来计算，但是，一个风景点的价值是无法被量化成具体价值的。之所以会出现这种不确定性，就是因为人类的审美需求、开发能力、认识水平、宣传手段、市场需求、发现时间等对其具有影响。比如，生活在张家界景区的人，对本地的山雾朦胧司空见惯，然而外地人来到这里，却会被仙雾缭绕的崇山峻岭所震撼，认为这里的旅游资源价值极高；再如，在很多人看来，山山水水不足为奇，然而对于具备专业地理知识、抱着地理目的旅游的游客来说，却是不可多得的研究内容。因此，人们个性化的旅游需求使得旅游资源的价值评估角度多样。除此之外，对资源的开发方式和利用方式也会对旅游资源价值产生影响。例如，湖泊作为自然保护区存在，和其作为度假、观光、疗养之地而存在，有着巨大的经济差异。所以，旅游资源的价值存在于特定的开发条件、时间、开发方式以及游客市场中。

（2）利用的永续性

有些资源，如矿产、石油资源等，会随着使用被消耗掉，而森林资源，需要通过栽培、饲养、繁殖等来补充。但是，对旅游资源的使用，一般情况下是不会出现消耗的，旅游者可以尽情地在旅游活动中享受旅游资源为自己带来的身体和心灵的愉悦。例如：游客无法带走滑冰、观光、登山、疗养等

相关的旅游资源，但却能得到这些旅游资源带给其的感受。所以，旅游业具有投资小、收益大、见效快的特点。然而，旅游资源不仅具有永续性，还存在不可再生性。虽然旅游资源并不会被消耗殆尽，但如果采取了错误的利用方式，就可能导致资源质量降低，甚至直接对资源产生破坏，而不论是自然界的天然景观，还是人文社会中的历史遗存，当它们被破坏之后，就极难甚至无法恢复了。即便能够恢复，也永远无法还原以往的面貌了。因此，不仅要选对旅游资源开发的方式，更要加强对旅游资源的保护。

6. 文化特征——美学性、知识性

（1）美学性

凡是旅游资源，必有美学特征，富有观赏性，具有旅游吸引力，从而与一般资源区别开来。其中，自然旅游资源具有自然美，人文旅游资源具有社会美、科技美和艺术美。例如，中国山水的美学风格包括雄伟壮观（如泰山与黄果树瀑布）、惊险峻奇（如华山、庐山）、奇异独特（如黄山、九寨沟）、柔美秀丽（如桂林山水、西湖）、幽深寂静（如青城山、武夷山九曲溪）、旷远宏大（如黄河、长江），从而形成了优美的山水审美文化。

尽管旅游动机因人而异，旅游内容丰富多彩，但观赏活动几乎出现在所有旅游过程里，甚至是旅游活动的核心所在。所以，旅游资源的美学特征越突出时，其观赏性就越强，知名度便越高，旅游吸引力也就越大。

（2）知识性

旅游资源具有知识内涵，其中蕴含着科学道理、技术原理，包含艺术特征、文化传统等，所以旅游活动可以看成一种文化之间相互学习、交流的活动。人们在参与、观光和体验的过程中，学习各种各样的知识，感受到美的熏陶，既能提高自己的审美水平，又能开阔视野，拓宽知识面。例如，在游览科学馆的过程中，既可以看到各种各样神奇的物理、化学反应，又能了解到专业的科学知识，满足人们探索奥秘的需求；在游览石窟时，不仅能够欣赏造型生动的雕刻，还能了解古代的文化艺术知识；在游览历史博物馆时，人们能够回顾、了解历史。幽静的密林、蜿蜒的山脉、高耸的山峰、平静的湖面等自然风光，不但让人们体验到自然之美，而且具有一定的科学哲理，能激发人们的思维。旅游资源中的文化内涵是其吸引力的重要组成部分，但旅游者只有具备一定的文化修养或者具备相应条件之后，才能体会到其中的奥妙。文化素养与精神境界的高低，直接影响到旅游者对观赏对象文化内涵的认识水平。这正是某些文化内涵深刻的观赏对象反而无法引起某些旅游者兴趣的重要原因。所以，在开发旅游资源时，一定要对旅游资源的文化内涵进行深入的了解和研究，使用恰当的方式展现文化内涵，吸引游客前来游览。

（二）自然旅游资源的基本特征

作为自然界的产物，自然旅游资源不仅具备旅游资源的共性，还有一定的独特之处。

1. 天然性（形成）

在大自然作用之下所产生的自然旅游资源，会在自然规律和因素的制约与影响下产生、分布、发展，并呈现出不同的特点，因而具有天然性（或自然性）。如桂林山水、青海的鸟岛、长白山的雪山冰峰等均是如此。自然旅游资源的天然性能够给人们一种天然、自由、自在、生态的美感，契合人们回归自然的旅游需求。由于自然旅游资源的自然性，在开发、利用中要注意尊重自然规律。也因其天然性，自然旅游资源一般具有不可复制性和不可移植性的特征，在市场竞争中具有垄断地位。

2. 生态性（状态）

在自然界中，所有的组成要素共同形成平衡且动态变化的系统，各要素之间相互依存、相互制约、相互联系，并构成了整个生态系统。如果某一环出现了变化，就会牵动其他要素乃至整个系统。作为自然界的组成部分，自然旅游资源与其环境形成生态平衡。例如：岩洞资源与周围的地质、水系互相依赖，水系与地表植被互相依赖，植被又与动物（包括人类）活动互相依赖，共同形成生态平衡。倘若不遵循生态规律来开发和利用自然旅游资源，就会对资源造成破坏，甚至波及整个生态环境，旅游资源也将受到巨大影响。

3. 地带性（分布）

在自然旅游资源当中，气候对植物、水体和动物有着重要影响，动植物的分布情况、类型以及特征从赤道到极地呈现出有规律的变化。另外，地下水和地表水也因气候有着分布和数量上的差异，这使得不同的水平地带具有不同的景观。比如，在高山地区，海拔不同导致气候垂直变化显著，生物景观也因所处海拔不同而具有垂直分带的特征。虽然地质地貌受地带性因素影响较小，但由于气候影响下的水力、风化等外营力的分布具有地带性的特点，因而地貌的外部形态也打上了地带性的烙印，形成了所谓的气候地貌。例如：在寒带气候条件下，冰川、冰缘地貌发育，有些地方的湖泊、泥潭、沼泽较多，河流作用很弱；在温带湿润、半湿润气候区，降水稍多，流水作用较强，河流地貌普遍，湖泊、沼泽较多；在干旱、半干旱地区，降水少，风力作用较强，风沙地貌较多；热带气候区由于具有较强的水力作用与化学风化作用，因而多见河谷景观。

4. 变化性（时间）

由于气候与气象、时间和空间等因素的影响，自然旅游景观常常呈现季节性、周期性的变化。首先，在一日之内变化。例如：清晨赏日出，傍晚观日落；在山区，由于多重因素影响，在同一天的山脚和山顶，既能看到烟雨朦胧，又能看到阳光灿烂；在园林，清晨可见露珠滚动、草木摇曳，傍晚可见月牙弯弯、树影婆娑。一些造型地貌会因为太阳所处方位不同而展现独特的形态，如雁荡山在白日有一座合掌峰；到了黑夜，这座山峰又变换为夫妻峰。其次，在不同季节变化。例如：在我国淮河一秦岭以北大部分地区，夏季植被生长旺盛，草木葱绿，山清水秀，鸟语花香；冬季气温降低，千里雪飘，河湖封冻，是观赏北国风光、林海雪原的大好季节；吉林的树挂只能在入冬时才出现，北京香山及南京栖霞山的红叶在深秋才能看到。有些景观甚至只能出现在特定的时间。例如：钱塘江大潮的最佳观赏时间是每年农历八月十六至十八，过了这段时间，潮水就会退潮。此外，自然界中许多景物变化还有随机的特点，如海市蜃楼、北极光等。

由于自然景观的周期性和季节性变化，以及时限性的影响，自然旅游资源的吸引力也不断变化,出现了旅游的旺季和淡季。掌握这个规律,调整旅游活动内容,制定不同季节的旅游价格,做到淡季不淡,是旅游开发者应该重视的问题。

(三)人文旅游资源的基本特征

人们在社会活动中创造出了"人文旅游资源",它既具有旅游资源共性,又有着独特的人文特性。

1. 人为性(形成)

与大自然创造的自然资源相比,人文旅游资源的创造者是不同时代的人,具有人为性。它是人类在发展过程中经历的各种社会活动,如生产劳动、文化艺术、科学探索等的结晶。所以,人文旅游资源日后还可以不断地创造与更新。虽然人文旅游资源的形成与人的活动息息相关,但大部分人文景观建立在自然环境的基础之上,是将自然环境作为依托,发挥主观能动性创造的和自然之美相得益彰的人工之美。自然与人文的完美融合衬托出人文景观独特的美感,如北京的颐和园、杭州的西湖风景区等皆是如此,因此,新建人文景观要注意与自然环境的协调统一。

2. 民族性、地域性(分布)

人类文化体现了人类对自然、社会和自身的改造,构成人文旅游资源。人类文化的创造离不开地理环境的制约和民族性格的影响,这样人文旅游资源就打上了地域与民族的烙印,在民俗风情、历史文化乃至现代文明等方面存在着地域和民族的差异。例如,在古代建筑类旅游资源中,中国以宫殿、四合院(住宅建筑)为典型代表,西方古代建筑以城堡(住宅建筑)、市政厅(行政建筑)为典型代表,体现了古代东西方不同的建筑风格。又如,在民俗方面,中国56个民族都有独特的民俗,构成民族民俗的万花筒。人文旅游资源的这种民族性和地域性特征,正是其魅力所在。

3. 时代性(时间)

社会历史对人文旅游资源有着重要影响。在每一个历史阶段,每个民族和国家由于具有不同的生产力水平、思想观点、科学技术和审美等,因此,在建造人文景观时会形成不同的风格。从历史中留存至今的各种古代文物、建筑、园林、遗迹上，我们可以看出当时大概的经济水平和思想意识状况。例如，半坡村遗址反映了原始母系氏族社会的生产、生活情况；北京故宫则反映了明清封建社会的建筑特色。

4. 精神性（内涵）

虽然自然旅游资源的天然不加修饰让人们感受到独特的美，但是它们终究没有丰富、深厚的精神内容，如艺术、思想等，而人文旅游资源，蕴含着人类的思想，精神性极强。精神文化可以由物质实体承载着，将物质载体和精神文化熔为一炉，如：壁画、民居、服饰、陵墓、园林等；也可以是纯粹的精神文化，如传说、诗词、民俗、历史故事等。精神内容和其物质载体，一个无形，一个有形，两者相互融合、相辅相成，从而形成了极具魅力的旅游资源。所以，在开发、利用人文旅游资源时，既要重视保护与展示有形物质，又要挖掘精神文化内涵。

5. 阶级性、阶层性（层次）

人类社会存在着不同的阶级、阶层，而这些也在人类创造的文化上有所体现，反映了不同阶层人们的心声。例如，我国古代建筑在这一点上就体现得十分明显，宫廷建筑、官式建筑（宫殿、苑、陵寝、学官、府第、寺庙）雄伟壮丽，文人建筑（居室、书院）淡雅含蓄，民间建筑（民居）经济实用、讲究风水，具有地方特色和民族风格。

第二节 旅游资源的分类与生成

一、旅游资源分类

（一）分类的概念与意义

1. 分类的概念

在对事物进行认识时，往往始于事物的分类特征。分类，指的是根据事物展现出的不同特点进行归类。首先，要将事物之间相同与不同之处进行比较；其次，将相同点归成一个大类，并根据不同之处划分小类；最后，形成一个内部各要素之间存在从属关系、有不同等级的系统。

在对旅游资源进行分类时，使用的也是相同的分类方式。划分出的每一个旅游大类，各类的属性都存在相同之处，而不同类别之间存在一定的差异性。比如，从成因的角度出发，旅游资源主要有两个大类，分别为自然旅游资源与人文旅游资源。其中，大自然中天然存在的就是自然旅游资源，而由人类社会创造出来的便是人文旅游资源，两者显然有着不同的成因。而这两个大类也可以从其内部元素的差异出发，划分出更次一级的类型，并以此类推，最终形成一个存在从属关系的不同等级的系统。

2. 分类的意义

科学分类事物是对事物进行基础研究。通过开展旅游资源分级分类工作，既能加深人们对旅游资源的认识，又能更好地开展对旅游资源的开发和管理工作。除此之外，对旅游资源的分级分类还具有理论上与实践上的意义。

一方面，通过分级分类，人们可以更深入地了解旅游资源的属性、成因、系统组成、价值功能等。通过分析大量旅游资源的共性和个性，分出不同级别的从属关系和类型关系，可以形成旅游资源分级分类系统。随着资料的丰富，新分类系统的出现，或者采取要求不同、地区不同的旅游资源分级分类方式，可以从更多的角度了解和认识旅游资源的属性，总结出有规律性的结论，提升理论水平。

另一方面，旅游资源内容繁杂，而在经过分级分类之后，其就会变得系统化、条理化和信息化，方便管理、研究、保护、利用工作的进行。每个旅游资源的特点都有所不同，在比较、归纳与划分之后，可以构成多个旅游资源分级分类系统，最终形成一个旅游资源资料信息存储系统，能够帮助人们更好地从整体或者具体门类上加深对旅游资源的认识。建立区域性的旅游资源分级分类系统，能够让区域的旅游开发工作更加科学、合理，有着重要的实践意义。

由此可见，通过对旅游资源的分级分类，可以建立和完善分类系统，加深人们对旅游资源与区域旅游资源属性的认识，使人们得以了解旅游资源的系统组成、成因以及功能价值，有利于旅游资源开发、管理、研究、保护的进行。

(二) 分类的原则与标准

1. 分类原则

为了保证分类的实用性和科学性，分类工作要在遵循分类原则的前提下进行。旅游资源分类主要遵循以下五个原则。

(1) 相似性和差异性原则

该原则也被称为共轭性与排他性原则，也就是划分出的相同类型和级别的旅游资源，必须存在共同属性，而各类型之间应该存在差异性，不可将没有共同属性的旅游资源归到一类中。

(2) 对应性原则

在对旅游资源进行划分时，必须对应上级旅游资源类型内容来划分次一级的旅游资源类型内容，不可出现下级内容比上级内容多或者少的情况，这会导致逻辑上的错误。比如，在对地质地貌旅游资源进行次级分类时，要将所有地质地貌旅游资源包括在内，不可遗落地貌旅游资源或者地质旅游资源，更不能包括非地质地貌旅游资源。

(3) 递次性原则

该原则也被称为分级和分类相结合原则。作为一个复杂系统，旅游资源有许多不同层次和不同等级的亚系统。所以，必须结合分级与分类标准进行逐级分类，不可越级划分，以免出现逻辑性错误。比如，先将旅游资源分成两个大类，即自然旅游资源与人文旅游资源，然后再划分次一级类型。如果有需要的话，还可以再向下划分更次一级类型。

(4) 标准区别与统一原则

其主要内容如下：可以在划分不同系列或者级别的类型时采取不同的标准，但不能在划分不同级别类型时采取相同标准；在对一个类型直接划分次一级的类型时，必须采用相同的标准，否则就会出现分类重叠的现象。

(5) 简明实用原则

旅游资源分级分类不仅是对旅游资源认识研究的需要，还是旅游产业发展的需要。因此,旅游资源的分级分类要具有简明性、实用性、可操作性。

2. 分类标准

对旅游资源的分级分类,要按照相关的具体标准,也就是必须先确定旅游资源的属性或者关系,再进行分类。旅游资源往往具备多方面的关系和属性,分类的标准也各有不同,人们可以从需求出发,选择合适的分类标准。一般采用的分类标准有以下五种。

(1) 成因

根据旅游资源形成的原因和过程分类。比如,自然界中天然存在的是自然资源,人为制造的则是人文旅游资源;地貌旅游资源按成因可分成溶蚀作用旅游地貌、流水作用旅游地貌等。

(2) 属性

按照旅游资源存在的状态、形式以及性质分类。例如,自然旅游资源里,根据状态不同,可以分成气候旅游资源、生物旅游资源、地质地貌旅游资源等。

(3) 功能

根据旅游活动的作用分类。例如,根据旅游资源具有的功能,可以分成参与体验型、观光游览型等。

(4) 时间

按照旅游资源的形成时间分类。例如,根据建造时间不同,建筑旅游资源可以细分为古代建筑、现代建筑等。

(5) 其他

除了上述的标准,还可以将旅游资源质量、开发利用的情况等作为分类标准进行分类。

3. 分类的步骤与方法

在具体的旅游资源开发、管理和保护工作中,往往需要先对旅游资源进行资料收集,之后采取下述步骤进行分类。

第一,明确分类要求与目的,是要采取普通的资源分类方法,还是根据一定的目的进行专门的旅游资源分类,借鉴一般分类的原则和标准,和实际情况相结合,选择合适的分类原则和分类标准。

第二,以比较、分析的方式形成基础的分类系统,同时采取逐级归并与逐级划分的方式归纳旅游资源。其中,逐级划分就是从上到下进行分类。先将旅游资源视为一个整体,之后根据标准规定的相似性与差异性,划分大类,也就是也确定高一级的类型,然后再向下细分。逐级归并就是从下向上进行分类,也就是从具体某个旅游资源个体出发,根据标准,先将相同类目归并成最小的类型,之后再从相似性与差异性上一步步归并出大类。

第三,通过补充、调整,完善分类系统。在初步分类、建立分类系统的基础上,再自上而下或自下而上逐级对比、分析:是否符合分类原则和目的要求?所采用的标准是否恰当?分类系统是否包含了所有应划分的分类对象?如有不妥之处,应进行补充、调整,最后形成符合目的与要求的科学的分类系统。

第四,在上述工作结束之后,添加简要说明,说明内容要涵盖此次分类的目的、要求,采取的原则和标准,以及最终的分类结果等。

第五,使用计算机建立相关的旅游资源信息系统,整合旅游资源分类成果,便于以后调整和补充。

(三)旅游资源的类别的具体划分

旅游资源的含义是广泛的,其内容也是十分丰富的。为了更好地认识旅游资源,就必须将旅游资源分类。而旅游资源分类指的就是根据资源之间的相同与不同之处,按照特定的要求或者目的进行归并或划分出具有一定从属关系的不同等级类别的工作过程。

从传统旅游资源角度来看,我国旅游资源的种类有自然景观资源、人文景观资源、文化资源、传统饮食资源等;从现代旅游产业资源角度来看,我国旅游资源可以分成观光型旅游资源、生态型旅游资源、专项旅游资源、度假型旅游资源、特种旅游资源等。

由于旅游资源存在不同的成因和属性,学术界据此把旅游资源分成了两个大类,即自然旅游资源与人文旅游资源。其中,各种自然地理要素,如气候、地貌、动植物、水体构成等可以对人们产生旅游吸引力的天然景观是自然旅游资源；而人类社会活动所造就的各种类型的成就和艺术结晶，如建筑、历史遗迹、民俗等，为人文旅游资源。还有一种分类方式分成了三个类型，除了这两个大类，还增加了复合型旅游资源。

以下就主要的分类方法进行详细介绍。

1. 按旅游资源基本属性分类

当前，最常见的分类方法就是根据旅游资源基本属性进行具体分类。一般来讲，这种方法是将旅游资源分为自然旅游资源和人文旅游资源两大类。但是，随着社会旅游资源在现代旅游业发展中的作用越来越重要，以及人们对它的进一步认识，应将社会旅游资源从人文旅游资源中分离出来。这样一来，便形成了旅游资源的三分法，即将旅游资源分为自然旅游资源、人文旅游资源和社会旅游资源。

（1）旅游资源的两分法

旅游资源两分法是一种传统的分类方法，它是将所有的旅游资源划分为自然旅游资源和人文旅游资源两大类，再根据其组合要素进一步细分，分出不同的基本类型。

（2）旅游资源的三分法

旅游资源的三分法是将旅游资源分为自然旅游资源、人文旅游资源和社会旅游资源。自然旅游资源主要突出物质的物理特征，涵盖的都是可以观赏到的客观存在，尤其是会触动人在知觉和感觉上的感受的客观存在；人文资源注重以形写神，强调历史特性，将动态历史以静态的形式加以展现，描绘的是一种感性形象，可以展现出历史文化蕴含的神韵；社会旅游资源则是将人作为载体的社会现实，主要展现心理特征，注重触动人的心理。其主要内容如下。

①自然旅游资源

例如，地质旅游资源、水文旅游资源、地貌旅游资源、太空旅游资源、气候旅游资源、生物旅游资源。

②人文旅游资源

例如，历史文化名城旅游资源、交通旅游资源、古迹旅游资源、建筑与园林旅游资源、文学艺术旅游资源。

③社会旅游资源

例如，购物旅游资源、民俗风情旅游资源、体育保健旅游资源、城市景观旅游资源、会议旅游资源、商务旅游资源、娱乐旅游资源。

2. 按旅游活动的性质分类

从所开展旅游活动的性质来看，旅游资源可分为运动型旅游资源、娱乐型旅游资源、观赏型旅游资源、休养型旅游资源和特殊型旅游资源，特殊型旅游资源包括存在可靠价值的旅游资源等。

3. 按旅游资源的吸引级别分类

根据旅游资源的质量以及吸引级别，具体可分为以下三类。

(1) 国家级旅游资源

此类资源的科学考察价值、游览观赏价值以及历史人文价值都极高，对旅游者的吸引力极强，属于全球闻名的经典景区，客源市场包括国内和国外两个市场。这些风景优美、内涵丰富的国家级森林公园和风景名胜，既是我国大好河山的代表，又承载着中华民族的文化结晶，在我国旅游业中有着重要的地位。

(2) 省级旅游资源

此类资源和国家级旅游资源相比，在科学考察、游览观赏和历史人文方面的价值都略逊一筹，不过在本省有着一定的影响力，能够吸引到的游客群体主要是国内游客。此类旅游资源包括一些省级森林公园和省级风景名胜区等。

(3) 市（县）级旅游资源

此类资源有一定的科学考察、游览观赏和历史人文价值，主要对本地或者邻近地区的游客具有吸引力。

4. 按旅游资源的市场特性和开发现状分类

根据旅游资源的开发现状和市场特性，可以分成以下四类。

(1) 潜在旅游资源

存在观赏和游览价值，然而如今尚不具备开发条件的旅游资源即为潜在旅游资源。这类资源可以是自然景观、历史遗存或者是独特的吸引物。这类旅游资源可能因财力所限、科学技术尚不完全具备、区位条件差等原因，目前尚不宜开发或不可能开发。

（2）已开发和即将开发的旅游资源

已开发的旅游资源是指客观存在的自然、人文或社会旅游资源，其配套的基础设施和服务设施比较完善，已经成为当地旅游业发展的主体；即将开发的旅游资源是指已通过可行性论证、对其开发价值得到认可，已经列入规划，即将开发的资源。

（3）市场型旅游资源

此类资源是迎合市场需要的资源。它可能原本质量不高，但由于某社会事件，其影响力倍增，而成为旅游资源；或者是由于市场需要而创造出来的新的旅游资源，如各类主题公园。

（4）尚未发现的旅游资源

这类旅游资源由于地理位置偏远，或处于地下，或因其他原因还不知其存在，但确有一定旅游价值。

5. 按旅游资源的利用限度分类

从利用限度来看，旅游资源主要有两种类型，分别为有限旅游资源与无限旅游资源。

（1）有限旅游资源

所谓有限旅游资源，是指有一些旅游资源不能够持续地、无限量地供给，必须按照计划对其进行使用并提出保护措施，以保证未来的旅游者仍有可使用的旅游资源。有限是指该旅游资源在空间或时间上的有限性，如一些古建筑；或指某一类旅游资源供给数量的有限性，即客容量的问题，需要旅游业经营者采取一定的供销途径来予以控制。

（2）无限旅游资源

所谓无限旅游资源，是指资源在一定时间尺度上可实现往复流转并保持资源的存在，无限资源是相对有限资源而言的。例如，供人们游览、泛舟、滑水的自然或人文旅游资源，可以持续地或循环地被使用，可以说它们的使用时间是无限的。但这种无限使用必须以对该旅游资源的合理利用为前提，若对其过度开发和利用，有可能导致其质量的降低乃至毁坏，使其不能再维持原有样貌或者不能持续地被利用。

6. 按现代旅游产业观分类

按现代旅游产业观，可将旅游资源分为五大类。

(1) 观光型游资源

观赏型旅游资源是指旅游者的体验方式以参观、观光为主的旅游资源，一般历史遗留下来的文物、历史遗迹等都属于典型的观光型旅游资源。不管是自然旅游资源，还是人文旅游资源，开发初期都只能供游客参观、观赏，属于观赏型旅游资源。

(2) 度假型旅游资源

度假型旅游资源多分布在山清水秀、气候宜人、交通便利的一些以自然资源为主的旅游区。这些地区由于条件优越，人居环境良好，又有与城市环境反差明显的特点，适宜较长时间居住。例如，我国三亚，地处热带海洋性季风气候区，终年无冬，成为我国很多地区居民的避寒胜地。又如，我国境内的绝大部分海拔在1000～2000米之间的山地，暑夏凉风习习，山花烂漫，实为消夏纳凉的好去处。这些具有明显气候特征的地区，应以度假旅游为主打产品。

(3) 生态型旅游资源

生态旅游的根本在于"回归大自然旅游"和"绿色旅游"。根据未来旅游业的发展趋势，人们亲近自然、返璞归真的需求愈来愈强烈，一些免受人类"三废"污染的森林公园、风景名胜区、田园风光区等将是未来发展生态旅游的极好资源。例如，云南西双版纳热带雨林、海南尖峰岭、浙江华顶国家森林公园、四川蜀南竹海、西藏雅鲁藏布江大峡谷、内蒙古鄂尔多斯草原、广东韶关南岭地下森林、内蒙古三大草原等均属生态旅游胜地。

(4) 特种旅游资源

特种旅游资源是指可开展滑雪、登山、探险、骑马、狩猎等特殊活动的旅游资源。这类旅游资源由于资源特殊，开发的项目新奇，往往成为旅游资源开发的亮点。例如，湖北神农溪、重庆巫山小三峡、广东韶关九泷十八滩、西藏雅鲁藏布江、新疆叶尔羌河、洛阳黄河小浪底、陕西商洛丹江、陕西岚皋岚河等地开展的漂流探险旅游，甘肃阳光沙漠、内蒙古科尔沁沙地、陕西榆林沙漠等地开展的沙漠探险旅游，吉林净月潭、黑龙江亚布力、云南丽江玉龙雪山、河北崇礼塞北滑雪场、湖北神农架山地滑雪场等地开展的滑雪探险旅游，新疆托木尔峰、内蒙古包头九峰山、河南鲁山石人山、四川小金四姑娘山、山东泰山等地开展的登山探险旅游。这些资源可开发出惊险刺激的旅游产品，并对游客具有较大的吸引力。

（5）专项旅游资源

专项旅游资源是指具有独特、权威、不可替代的游览价值、审美感受价值、历史价值、学习价值的自然旅游专项资源或社会人文旅游专项资源。自然专项旅游资源如黄河沿途自然景观旅游资源、长江沿途自然景观旅游资源；社会人文专项旅游资源如长城沿途历史遗址、长征路线旅游资源、三国文化游资源等。

二、旅游资源的生成

旅游资源的形成前提是人文和地理环境之间存在的地域差异性。地球上形形色色的自然资源和人文资源的组合，构成了许多独具特色、异彩纷呈的旅游目的地，而人们居住环境的相对稳定性同旅游资源分布的地域差异性形成反差，促使人们离开常居地到异地去旅游，产生旅游现象。

（一）自然旅游资源形成的基本条件

可以让人们感受到独特美感，且构成景观的物质或者自然环境的地域组合就是自然旅游资源。它是自然界中的各种因素在各演变阶段和各种自然条件之下，作用于各种各样的地理环境而产生的，且一直处在变化、发展当中。

1. 地理图层蕴含着构成自然旅游资源的基本要素

地理表层可分为岩石圈、生物圈、水圈和大气圈。岩石、生物、水和大气是构成自然旅游资源的基本要素。作为生物圈一员的人类，在漫长的演变过程中，其探索自然、改造自然的力量日益强大。因此，将人类活动所涉及的各个圈层中丰富的自然资源转化为可利用的旅游资源，有着极大的潜力。岩石圈表面形成地质地貌旅游资源；水圈形成江、河、湖、海、泉、瀑布等水体类旅游资源；生物圈形成植物、动物与微生物旅游资源；大气圈内形成风、雷、雨、电等瞬息万变的气象类旅游资源以及温湿、凉热等气候旅游资源。

2. 自然旅游资源的差异受地理环境影响

地理环境各圈层之间不断地进行着元素迁移、物质交换和能量转换，这导致组成地理环境的各要素之间相互联系、相互制约并结合成一个"拟区域"综合体，从而形成地理环境的地域差异。影响旅游资源地域差异的因素主要有两个：一是由于地球表面接受到的太阳辐射不均匀，因此，地理环境会根据纬度方向延展，呈现南北方向上的差异，这称为纬向地带性差异，简称地带性差异；二是由于地表组成和结构形成的高低不匀而产生差异，这种差异称为非纬向地带性差异，简称非地带性差异。在这两种基本因素作用之下，自然资源景观有着明显的地域差异规律，呈现出区域性、全球性与地方性的地域分布特点。比如，因为太阳辐射的影响，各纬度的热量与水分不同，赤道有经典的热带雨林带、热带荒漠带和热带稀树草原带，温带有温带草原带和温带荒漠带等。在各种各样的自然带里，自然旅游资源呈现出较大的差异，但具体到同一自然带的自然旅游资源，仍有地域性差异。

3. 地质作用是塑造自然旅游资源的原动力

地表中各种各样的自然旅游资源，都是缘自地质作用的内在与外在动力作用。所有的自然旅游景观都能书写一部长长的地质作用演变形成史。

内动力地质作用是决定海陆分布、岩浆活动及地势起伏的力量。比如，地热景观、断块山、火山地貌、峡谷、断陷湖泊等都是内动力地质作用的结果。

而外动力的地质作用是由生物圈、水圈和大气圈在地壳外部对地表形态和岩石特征进行改变的力量，如风化、重力崩塌、剥蚀、搬运及堆积作用等。自然旅游景观中的石林、溶洞、峰林等岩溶地貌、冰蚀景观、风蚀景观都是外动力地质作用的结果。

内动力地质作用和外动力地质作用交替作用，塑造出千姿百态的地表形态以及苍山翠岭、流泉飞瀑、古树名花等景观，这些千差万别的景致交相辉映，使自然旅游资源成为包罗万象的旅游宝库。

4. 地表水体的水文影响作用

地球的表面被连续的水圈所包围。陆地表面水圈呈现为河流、湖泊、冰川、涌泉和溪流，这些水以其光、景、声、色等构成了生动的风景素材，是风景中不可缺少的部分。陆地上纵横交错的河流，流经不同的自然景观带及不同的地貌区，构成一条条景观长廊。湖泊是陆地表面洼地中积蓄的水体，由于其所处的地形部位、成因、水文特征的不同，形成了或雄浑古朴、或澄澈清丽的湖泊风景；瀑布是从河谷纵剖面陡坎倾泻下来的水流，以其独具特色的形、色、声之美，成为资源中最为突出和亮丽的风景，具有强大的吸引力；泉水是从地下露头的水，能根据不同的地质条件、地貌、水文等形成各种各样的泉。

5. 区域性气候因素影响作用

气候为某一地区多年天气的综合特征。由于气候的区域性差异，各种特定时空条件下形成的气候，其本身即是重要的自然旅游资源，可以满足人们追新求异、避寒避暑等需求，也是其他自然地理要素的组合因素。垂直方向上的气候变化使得自然景物在垂直方向上呈现出有规律性的变化，形成"十里不同天"的奇异自然旅游资源。在一定气候条件中，大气里的霜、雾都能形成极具观赏价值的独特自然景观，如吉林的雾凇、蓬莱的海市蜃楼、峨眉山的佛光等，为大自然平添神奇。

6. 生物多样性的影响作用

生物圈存在于地球岩石圈的表面、整个水圈内以及大气圈下部的对流层中，主要构成内容为动物、植物和微生物。在地球上，动物种类超过50万种，植物种类超过100万种，而微生物种类的数量目前难以统计。

在地球历史演化进程中，生物的演变是地球史的重要内容。大量的古生物化石在地层中遗留下来，成为颇具研究价值及观赏价值的古生物化石旅游资源；而有些动植物种群历经变迁，在特定的条件下只有极少数保留下来，形成古老的孑遗植物或动物，成为珍稀的动植物旅游资源。

地球表面所分布的生物旅游资源，由于所处地理环境的不同，因此存在着明显的地域分布。例如，热带雨林带树高林密，动植物种类繁多；而热带荒漠带植被匮乏，动物种类也较少。正是由于动植物分布的地域差异，对旅游者来讲，异样的生物旅游资源也颇具吸引力。

生物与自然、地理环境之间有着密切的关系，尤其是绿色植物，它们通过光合作用产生的大量氧气，参与到大气圈循环当中，对人类身心健康有着重要影响。例如，有些地区推出"森林浴"特色旅游项目，不但视绿色为风景区的构景因素，而且已开发出具有疗养功能的项目。

（二）人文旅游资源和社会旅游资源形成的基本条件

人类在经过长期的生产实践与社会劳动之后，逐渐积累的物质文明成果与精神文明成果的总和便是社会旅游资源与人文旅游资源。所有旅游资源都是在社会、历史、文化等多个因素作用之下产生和发展的。

1. 历史的继承作用

站在时间的角度上，可以看到人类的历史一直在往前发展，历经各个历史阶段，而在其中的某个阶段，由于具备了更高的生产力和科技水平，所以社会文明得以推动，之后再通过建筑、文学艺术、古人类遗址、陵寝等形式继承，并成为人文旅游资源的主体。

古人类遗址指的是人类从诞生之后到发明出文字记载方式之前形成的历史遗迹，包括古人类遗迹和与其密切相关的生活工具、部落聚居、生产工具、生活遗址等。旅游者通过观赏这些遗址，可以了解人类的起源和发展情况。例如，北京周口店北京猿人遗址被列入世界文化遗产，在海内外享有很高知名度。大多数的人文旅游资源都有其历史的渊源，反映着特定历史时期的特点和要求。比如，从建造最能反映时代风俗和文化特点的实体来看，北京故宫、承德外八庙具有不同的特色。北京故宫是明清建筑，也是世界上现存最大、最完整的古代木结构建筑群，由正阳门到太和殿，再到景山，布局严整，威仪赫然，象征着君主专制政权发展的空前鼎盛。承德外八庙是清代建筑,从康熙五十二年(公元1713年)到乾隆四十五年(公元1780年)陆续修建而成,主要继承了从西汉到唐、宋、明的汉族建筑特点,并吸收藏族建筑艺术特色,创造出清代康乾盛世的建筑风格。因此,众多的人文旅游资源同样是漫长历史的见证者,是立体的、直观的历史书,其中蕴含的深刻内涵让现代的人们对古人有了更深刻的了解,对历史的发展规律有所掌握,并得到无穷的智慧与巨大的力量。

2. 文化的差异作用

从空间角度来看,地理环境对文化的影响是显著的,文化正是人类在适应与改造自然的过程中形成的,不同条件的自然环境会形成不同的文化,如我国南方气候湿润,自然风景秀丽;北方则较干旱寒冷,自然风景较粗犷。因此,在文化风格上,具有南北差异。在全世界范围内,每个地区和国家的人都有着不同的生活习惯、生活方式、审美标准等,呈现出颇富魅力的异域风情。

3. 社会的创新作用

社会是不断向前发展的,是不断有所创新的,社会的进步对资源的影响可以从两个方面去理解:一方面,随着社会的发展,或者为适应一定的市场需求,新的旅游景观会不断地形成。例如,一些文化、游乐、体育场所,各类城市建筑等,其中比较典型的就是主题公园和观光农业。另一方面,随着某一社会历史事件或人类对自然的多角度探索,原本已存在的某些自然实体被赋予了新的社会文化价值,从而形成新的旅游景观资源。

第三节 旅游资源调查与评价

一、旅游资源调查的含义

旅游资源调查是指运用科学的方法和手段,有目的、有系统地收集、记录、整理、分析和总结旅游资源及其相关因素的信息与资料,以确定旅游资源的存量状况,并为旅游经营管理者提供客观决策依据的活动。

（1）旅游资源调查必须采用科学的方法和手段。

（2）旅游资源调查的范围，既包括旅游资源本身，又包括相关的影响因素。

（3）旅游资源调查过程，包括收集、记录、整理、分析和总结旅游资源信息资料。

（4）旅游资源调查现实的目的就是确定某一区域旅游资源的存量状况，最终为旅游经营、管理、规划、开发和决策提供客观、科学的依据。

二、旅游资源调查的作用

（一）描述作用

旅游资源的调查，可以了解一个地区旅游资源的存量状况，摸清旅游资源的家底。

（二）诊断作用

旅游资源调查可以认清旅游资源的空间特征、时间特征、经济特征、文化特征等，以及各种特性形成的环境和成因，旅游资源的功能价值，尤其是旅游资源的时代变异性。

（三）预测作用

旅游资源调查能够完善旅游资源信息系统，为旅游预测、决策奠定基础。

（四）管理作用

旅游资源调查可以比较全面地掌握旅游资源开发、利用和保护的现状，有利于推动区域旅游资源的管理工作，从而制定切实可行的旅游资源保护措施。

（五）效益作用

了解旅游资源产生的经济效益、社会效益和生态效益，这个过程本身就是旅游资源效益功能的体现。

三、旅游资源调查的主要内容

（一）旅游资源调查的内容

旅游资源调查的内容极为丰富，通常包括旅游资源环境调查、旅游资源存量调查、旅游资源要素调查、旅游资源客源市场调查等内容。

1. 调查区的自然与人文环境条件

（1）自然环境条件调查

自然环境条件调查包括调查区概况、地质地貌要素、水体要素、气候气象要素和动植物要素等。

（2）人文环境调查

人文环境调查包括行政归属与区划、历史沿革、人口与居民、经济环境、社会文化环境、政策法规环境等。

2. 调查区的旅游资源数量与类型

调查区的旅游资源数量与类型包括该地区旅游资源的类型、数量、结构、规模、级别、成因、现场评价等，并提供调查区的旅游资源分布图、照片、录像及其他有关资料，以及与主要旅游资源有关的重大历史事件、名人活动、文艺作品等。

3. 调查区的环境保护状况

调查区的环境保护状况包括工矿企业、科研医疗、生活服务、仓储等设施的排污、放射性、电磁辐射、噪音及地方性传染资料，还包括水资源、空气质量、土壤中的重要物质或元素等资料。

4. 旅游资源的客源市场情况

旅游资源的客源市场调查包括调查区旅游资源可能的客源分析、客源的需求分析及对旅游区开发资源的态度，临近地区的旅游资源对调查区客观产生的影响、具体表现及成因机制等。

（二）旅游资源调查的重点

1. 大城市和交通沿线及人口密集区普查

旅游资源调查是为旅游发展服务的，在旅游资源开发后，吸引游客越多，它的经济效益和社会效益就越大。在靠近大城市、交通沿线附近和人口密集的地区，因距客源近、交通便捷、潜在游客多，即使资源水平略低，数量较少，只要有一定特色，也能吸引游客，如成都市的三圣花乡，每逢周末和节假日都能吸引大量的近郊游客。而远离大城市和交通沿线的地区，只有规模宏大、特色突出、吸引力巨大的旅游资源，才能吸引一些有时间和精力并有一定支付能力的游客前往，如一些国家公园和地质公园等旅游景区。

2. 已知旅游区及外围的调查

在已知旅游区及外围对旅游资源进行深入调查，充分挖掘潜力，开发多样的旅游产品，满足不同类型和层次的游客多样化的需求。

3. 重点新景区的调查

旅游资源调查除了调查区位条件好和已有的旅游区，还应该将那些目前区位条件差、知名度低，但具有较高的开发潜力和价值的旅游资源提前进行调查，将客观科学的调查结果提交给主管部门，以引起重视，加以合理开发。重点新景区的旅游资源调查应特别重视以下三种旅游资源。

（1）具有特色的大型景观

对于这类旅游资源，经调查确认后应加以开发或保护，如云南的香格里拉、四川的九寨沟、贵州的黄果树瀑布。

（2）具有特殊功能的旅游资源

近年来，旅游正由过去的观光型为主向观光、度假、休闲、运动等多种形式转变，使旅游资源的开发深度和广度都大大增加。因此，在调查中可重点注意除传统观光功能外，可供开发的其他形式的旅游资源，如近年流行的漂流、滑翔、攀岩等旅游形式。

（3）适合科学考察和教学学习的旅游资源

如标准或典型的地质剖面、地貌、古生物化石、特有和稀缺的动植物资源等。

四、旅游资源调查的基本程序

旅游资源调查主要有三个基本程序：室内准备、野外调查、整理统计。

（一）室内准备

1. 成立调查工作组

根据旅游资源调查区的情况，成立旅游资源调查工作组，成员主要为相关领域的专家、专业工作者、当地政府相关部门的工作人员及熟悉调查区各方面情况的当地群众。

2. 初步了解调查区基本情况

在已有资料中搜集和此次调查密切相关的资料，初步了解调查区基本情况，包括调查区及周边区域的自然和人文环境及旅游资源相关的文献、数据、图表、航卫片、地形图等。以这些资料作为野外调查的参考资料。

3. 制订调查计划

依据旅游资源调查的要求，结合搜集的资料，编写任务计划书，包括总的任务和要求、分步的任务和要求、将会使用的调查方法、技术要求、设备要求、人员配备、所需经费及预期成果等。

（二）野外调查

1. 初步普查

在调查的初期，对调查区进行全面普查以对调查区有初步但是相对全面的了解，大致掌握调查区哪些资源具有开发价值或者适合开展哪些旅游项目。在此阶段可将有旅游资源价值的区域在1∶5万至1∶20万的图上进行标示，并在图上划定远景区域，确定其分布情况和规律。此阶段的共组可将实地调查和当地各有关部门的现有材料紧密结合，既减少工作量，又防止遗漏。

2. 系统调查

对初查远景区域或预测远景区域进行系统调查，加密调查线和调查点，对旅游资源的规模、数量、质量、美感、可能客源进行系统调查，将结果标示在1∶2.5万至1∶5万的图上，并进行同类初步类比。

3. 详细勘察

通过前两个步骤的工作，初步筛选拟定有开发价值的区域和项目进行详细勘察。调查时要组织多学科力量对重点旅游资源进行实地详细勘察，以弄清资源的成因、历史演变、现状、未来发展方向及其在同类资源中的特色。同时，要对调查区的自然、经济、技术、物资、能源、交通、生活供应能力、环境质量等进行详细的调查分析，对投资、客源、收益及旅游区发展对区域经济发展、社会和生态环境的影响做出预测，确定该区域的旅游发展基本方向和重点旅游项目，并对此提出规划性建议。

4. 专业调查

对具有极大开发价值的旅游资源，单独进行专业性调查，为旅游资源开发提供详细的专业资料。

（三）整理统计

1. 资料、照片、视频的整理

将调查过程中获取的全部资料进行复核和分类整理，对所拍视频进行剪辑，必要时配以文字说明。

2. 图件的编制和填绘

野外填绘的各种图件是调查的重要成果之一。整理时应将其与室内复核分析整理过程中的资料、照片和视频进行相互对比、校核，使记录的内容更真实准确、重点突出，最后缩绘成正式的图件。

3. 编写旅游资源调查报告

调查报告的主要内容和结构如下。

（1）绪言

绪言包括调查工作任务的目的、意义、要求、调查区位置、行政区划与归属、范围、面积、调查人员组成、工作期限、工作量、主要资料和成果。

（2）区域地理情况

区域地理情况包括调查区的地质地貌、水系水文、气象气候、植被土壤、交通和经济情况及邻近区域的旅游资源开发等情况。

（3）旅游资源状况

旅游资源状况包括旅游资源分布、成因、历史、现场调查评价、初步分析等，要附有旅游资源分布图、旅游资源分区图、重要的景观照片及与之密切相关的重大历史事件、典故、名人活动、文化作品等相关资料。

（4）旅游资源调查评价

对调查区旅游资源的全面评价，包括评价内容、采取的方法、所取得的结论。

（5）其他

调查区旅游资源开发利用的现状、开发与保护建议。

五、旅游资源调查的方法

旅游资源学是一门涉及多门学科的交叉学科，所以在旅游资源调查的方法上也借鉴了不同学科的调查方法，主要有资料统计分析法、综合考察法、资源图表法、区域比较法、分类分区法和遥感调查法。

（一）资料统计分析法

资料统计分析法指的是对原有的和调查得到的资料数据进行分析和统计的方法。如该区域基本景观有哪些，地质地貌要素是什么，动植物要素有哪些，等等。

（二）综合考察法

要了解分布在一定地域范围内的旅游资源的分布位置、数量、特征、类型、结构、功能和价值，必须对其进行综合的考察和分析，必须结合多学科知识进行实地考察。

（三）资源图表法

资源图表法是将调查到的信息和数据运用专业的方法绘制在图表上，形成旅游资源分布图、现状图等，区分哪些区域是一般开发区，哪些是重点开发区域，哪些条件较好，哪些不利于开发，等等。

（四）区域比较法

采用区域比较法可将两地或多地的不同类型或者同类型的旅游资源进行对比、评价，得到旅游资源的一般特征和独特性，为旅游资源开发决策提供依据。

（五）分类分区法

调查区内不同的旅游资源，特征和美感各异。对调查区内的旅游资源按形态特征、内在属性、美感、吸引性等加以分类，并与同类型或者不同类型旅游区域内的旅游资源进行比较、评价，得出该区域旅游资源的种类、一般特征与独特性、质量与差异性等，以便制订开发规划和建立资源信息库。

(六) 遥感调查法

遥感技术已经在许多领域得到了很好的应用，为科学考察提供了便利。遥感技术在旅游学科也有了初步的应用，并取得了一定效果。旅游资源地域分布广、变化快、信息量大，传统的旅游资源调查方式效率低、费时、费力，地势险峻地区因调查人员无法进入而成为死角。而应用遥感技术，根据遥感多波段信息的差异，建立对应解译标志，分类识别出不同的旅游资源类型，即可分别进行各资源的数量、质量和分布特征的分析评价，并可在人迹罕至、不便调查的地区达到同样的效果。如微波遥感可以穿透雨林、土壤、雪等覆盖层探测地表覆盖物以下的地貌、矿体、喀斯特溶洞、地下暗河及湖泊等。

通过遥感解译可以形成旅游图，这种地图图面清晰易读、色泽明快，旅游者能从图上迅速而准确地判定所在位置。利用遥感图像可以制作较大比例尺的景点扩大图，可以充分表示景点内部结构与特征。

六、旅游资源评价的原则

旅游资源评价要尽可能公正客观，就要遵循一定的原则。

(一) 客观原则

旅游资源是客观存在的事务，其外在表现、价值内涵也是客观存在的，在评价时必须从客观实际出发，实事求是地进行科学的评价，不能任意进行夸大或者缩小。不同的人对同一事物的评价往往会由于自身的认知不同而不一样，对资源的评价必须尽可能抛开个人主观因素的影响，秉承客观原则做出最真实的评价。

(二) 科学原则

旅游资源的评价和调查一样，必须要有严谨的态度，采取科学的方法和工具对旅游资源进行评价。应充分运用地理学、历史学、美学、经济学、数学等学科的方法对旅游资源进行综合评价，既要有定性的描述，也要有定量的数据统计。对于民间流传的一些传说，要合理进行评价和科学的解释，既要做到不传播迷信思想，又要寓教于游。

（三）全面原则

旅游资源的形式和价值都是多方面的。就价值而言，有观赏、文化、社会、科学、经济、美学等价值；功能有观光、科考、娱乐、休闲、健身、医疗、探险、商务等。有些可通过其外在形式直接评价，有些需要结合当地历史、社会和资源的特殊内涵进行评价。不管是哪一种资源，都需要综合衡量、全面完整地进行系统的评价，才能保证评价的结果具有可参考性。

（四）精简原则

旅游资源评价以大量的一手资料作为评价基础，资料数量庞大，种类繁多，在评价时必须对其分门别类，分别描述，且必须言语精炼，直白易懂，高度概括，一目了然。

七、旅游资源评价的内容

（一）旅游资源自身评价

1. 旅游资源的特色

这是吸引游客的关键因素。从旅游心理学角度来说，追求异趣是产生旅游动机的一个主要因素，同时是一个地区开发旅游资源、发展旅游业的内在动力，在评价时应该特别注意。

2. 旅游资源的价值和功能

旅游资源的价值有观赏、文化、社会、科学、经济、美学等价值，功能有观光、科考、娱乐、休闲、健身、医疗、探险、商务等功能，在评价中要注意这些功能的体现，并且明确哪些价值和功能是该地区的核心价值和功能，应重点进行评价。

3. 旅游资源的密度和地域组合

一般来讲，孤立的独个景观，开发价值和游客吸引力明显不如旅游景观组合。从游客心理这个角度来讲，在作旅游决策时更愿意一地多游，特别是一些距离较远，景观又很独特的区域，如果一次旅游能看到几个景观，旅游满意度会更高。我国著名的旅游线路基本都是旅游环线、旅游带或者旅游景区组合，如有着"亚洲第一瀑"之称的黄果树瀑布景区，就不仅仅只有一个大瀑布，而是由三个景观组成的一个旅游景观组合。

4. 旅游资源容量

旅游资源容量又称旅游资源承载力，是指在保持旅游资源质量的前提下，一定时间内旅游资源所能容纳的旅游活动量。它反映旅游区资源空间承载力的大小，是旅游业发展的基本条件。无论在哪个旅游场所，进行何种旅游活动，只有当每个游人占有的面积达到某一标准时，才可能保证其自由自在地游赏，活动不受干扰，可以充分领略和体会旅游资源的底蕴，游人才能获得心理满足；也只有当旅游资源不受明显损伤、旅游环境质量不明显下降时，游人的心理才能得到满足，健康和安全才不受到影响和威胁。以此为依据确定的旅游资源容量被称为旅游空间容量。依据上述三因素，一般情况下可利用下述公式来计算某一基本旅游空间的旅游空间容量。

计算旅游资源空间容量的关键问题在于人均最低空间标准的确定。它因旅游资源性质和旅游活动方式不同而不同。例如体育竞技、节庆活动、集市庙会和部分文艺表演等允许，也应当熙来攘往，欢声雷动，否则会因没有气氛而扫人兴致；而文物和艺术展览等，则需要保持环境幽静，需要保证参观者有充裕的时间去品评玩味，其容量便较低；同是水上活动，游船比游泳所需面积大，快速机动船艇所需面积更大；同是游览，在长城上所需面积较风景区为小，因为此时游人主要观赏的是长城壮观的气势和周围景色。中国古代园林最初的设计都是为少数人服务的，现在也只有在游人较少时才能充分体会其意境。在封闭、半封闭的空间（如洞穴、石窟、陵寝的地宫等），以及风景区内的险要地段，更应严格限制游人数量，以保护旅游资源免遭损害和游人的健康与安全。

（二）旅游资源开发利用现状评价

通过对旅游资源开发的利用现状进行评价，可以明确可开发利用的旅游资源和不宜进行开发利用的旅游资源。我国的旅游资源丰富，景色奇特，但是面对日益增长的旅游人数与旅游需求,如何正确与可持续地开发这些旅游资源、如何在经济利益与环境保护之间做出抉择,需要通过科学的评价找出解决的方法,以便为下一步的开发利用和保护提供参考。

(三)旅游资源开发利用的环境条件评价

旅游资源开发利用的环境影响旅游资源价值和功能的发挥,因此在评价阶段,环境评价也必不可少。旅游资源开发利用的环境包括区位环境、自然环境、人文环境、客源环境、政治环境和施工环境。

(四)旅游资源开发序位建议

完成前三项评价之后,应根据已经得到的评价结果,确定其开发的难易程度及不同类型资源间的关联程度,做出一个总的旅游资源开发的序位排列,确定各项资源开发的先后顺序。

第二章 旅游资源开发规划

第一节 旅游资源开发理论基础

旅游资源开发有狭义的概念和广义的概念。狭义的旅游资源开发是指单纯的旅游资源利用。广义的旅游资源开发是指以发展旅游业为目的，以市场需求为导向，以旅游资源为核心，以发挥、改善和提高旅游资源对游客吸引力为着力点，在旅游资源调查与评价的基础上，有组织、有计划地对旅游资源加以利用的综合性工程。旅游资源的开发要求具有科学性、可行性及前瞻性的开发理论和方法的指导。

一、旅游资源开发理论

(一) 区位理论

1. 主要内容

"区位"一词来源于德语"Standort"，英文于1886年被译为"Location"，即位置、场所之意，我国译成"区位"，日本译成"立地"，有些意译为位置或布局。某事物的区位包括两层含义："一方面指该事物的位置；另一方面指该事物与其他事物空间的联系。"

区位活动是人类活动的最基本行为，是人们生活、工作最初步和最低的要求。可以说，人类在地理空间上的每一个行为都可以视为一次区位选择活动。如农业生产中农作物种的选择与农业用地的选择，工厂的区位选择，公路、铁路、航道等路线的选线与规划，城市功能区的设置与划分，城市绿化位置的规划以及绿化树种的选择，国家各项设施的选址等。

区位理论是关注经济活动地理区位的理论。该理论假设行为主体为自身的利益而活动，解决的是经济活动的地理方位及其形成原因的问题。如果用地图来表示的话，它不仅需要在地图上描绘出各种经济活动主体（如农场、工厂、交通线、旅游点、商业中心等）与其他客体（自然环境条件和社会经济条件等）的位置，而且必须进行充分的解释与说明，探讨其形成条件与技术合理性。实用性和应用的广泛性使区位理论成为人文地理学基本理论的重要组成部分。

自冯·杜能（Johann Heinrich von Thünen）创立农业区位理论以来，区位理论迅速发展，经历了古典区位理论、近代区位理论和现代区位理论三大发展阶段。如今它的研究和应用范围遍及农业、工业、商业、贸易、城市和交通等领域。其代表理论有冯·杜能的农业区位理论、阿尔弗雷德·韦伯（Alfred Weber）的工业区位理论、瓦尔特·克里斯塔勒（Walter Christaller）的中心地理论及奥古斯特·谬什（August Losch）的市场区位理论。

2. 实践应用

旅游区位的研究起步比较晚，开始于20世纪50年代。瓦尔特·克里斯塔勒首先对旅游区进行了研究，之后众多学者也对其进行了研究和补充，使其逐渐成熟起来。区位理论对旅游资源开发的地域选择、区域定位、旅游市场竞争、旅游规划空间布局和旅游与产业布局等都有着重要的参考价值。

（1）旅游中心的界定

对特定的旅游地，可以根据一定的标准来判断其是否为该地域范围内的旅游中心地，如该旅游地提供的旅游产品或服务，被周边地区的大多数客源市场所消费，该旅游地人均旅游业的收入占人均收入的比重较周边地区大等。一般来说，旅游中心地必定拥有丰富多彩的旅游资源和得天独厚的交通条件，因为这两个条件是旅游地成为区域旅游中心的先决因素。

（2）旅游中心地的市场范围

旅游地资源的吸引力大小在很大程度上决定了旅游地的影响范围。而除了旅游资源之外，旅游产业的配套服务设施和旅游地的旅游活动容量都对旅游地的市场范围产生程度不一的影响。总的来说，旅游中心地的市场范围有上限和下限之分。所谓旅游中心地的市场范围上限，就是由旅游地的旅游资源吸引力、旅游业的社会容量、经济容量以及旅游业的生态环境容量共同决定的客源市场范围或接待游客数量，上限值不能超过上述4个变量中的最小值。而旅游中心地的市场范围下限则可以引用瓦尔特·克里斯塔勒中心地理论中的"门槛值"来进行说明："门槛值"指的是生产一定产品或提供一定服务所必需的最小的需求量。这个概念同样适用于旅游地的研究，此时的"门槛"为旅游地提供旅游产品和服务必须达到的最低需求量。

（3）旅游中心地的等级

旅游中心地的等级划分是根据它的市场范围即吸引力进行的。所谓高级旅游中心地，就是指为较大市场范围提供旅游服务的中心吸引物。而低级的旅游中心地则是指其提供的旅游服务为较小范围内的市场所消费的中心吸引物。一般来说，高一级的旅游中心地都领属几个次一级的旅游中心地。随着旅游中心地等级层次的变化，旅游区域也呈现等级结构的变化，旅游区域内城镇体系结构影响旅游中心地等级结构。

（4）旅游中心地的均衡布局模式

高级和低级的旅游中心地具有不同的服务职能。由于不同等级旅游中心地服务的市场范围各异，产生了旅游中心地的均衡布局问题。即在一个地域范围内可能存在多个不同等级的旅游中心地，如何进行均衡布局，使得区域旅游在不同等级旅游中心地的带动下获得持续的发展，是布局模式要研究的主要内容。

在市场作用明显的地区，中心地的分布要以最有利于物资销售和服务最方便为原则，即要形成合理的市场区。在市场最优原则下，

一个较高级的中心地提供的服务能力实际上应该相当于3个较低级的中心地，用公式表示就是：（表示每个单元内各级中心地的数量，表示中心地的级别高低）。这样的一种布局模式在区域旅游市场中也是适用的。

（二）增长极理论

1. 主要内容

增长极理论最初由法国经济学家弗郎索瓦·佩鲁（Francois Perroux）提

出，之后由法国经济学家布代维尔（J. B. Boudeville）、美国经济学家弗里德曼（John Frishman）、瑞典经济学家缪尔达尔（Gunnar Myrdal）、美国经济学家赫希曼（A. O. Hischman）分别在不同程度上进一步丰富和发展了这一理论。

　　增长极理论以区域经济发展不平衡的规律为出发点，认为在区域经济发展过程中，经济增长不会同时出现在所有地方，而总是首先在少数区位、条件优越的点上使其不断成为经济增长中心，通过发挥增长极的极化效应和扩散效应，推动整个地区经济的发展。极化效应也称回流效应，是指在增长极形成后，由于其具有优越的区位条件，吸引了周围的生产要素向增长极聚集，在生产要素不断聚集的过程中，增长极的生产力水平和生产效率得以提高，再加上资源充足，使得区域增长极得以较快的增长，并使周围的区域经济发展变得缓慢甚至停滞，竞争力下降，对该地区的经济实力综合增长构成了障碍。扩散效应则指当极化作用达到一定程度，且增长极已扩张到足够强大时，会产生向周围地区的扩散作用，将生产要素扩散到周围的区域，增长极被更替下来的产业向增长极周边地区转移。随着增长级的规模扩大和技术水平的提高，扩散效应日益增大，对一些在增长极无法从事的产业需求越来越大，加入这些产业的生产要素从增长极向周边扩散，从而促进这些产业在周边的发展。极化效应和扩散效应是同时存在的，在发展初期，极化效应是主要的。而当增长极发展到一定规模后极化效应削弱，扩散效应增强。随着进一步的发展，扩散效应逐渐占主导地位。极化和扩散机制相互作用，推动整个区域的经济发展，同时也产生地区的差距。

　　增长极对地区经济增长产生的作用是巨大的，主要表现在：第一，区位经济。区位经济是由于从事某项经济活动的若干企业或联系紧密的某几项经济活动集中于同一区位而产生的，其实质是通过地理位置的靠近而获得综合经济效益。第二，规模经济。规模经济是由于经济活动范围的增大而获得内部的节约。如可以提高分工程度、降低管理成本、减少分摊广告费和非生产性支出的份额，使边际成本降低，从而获得劳动生产率的提高。第三，外部经济。外部经济效果是增长和形成的重要原因，也是其重要结果。经济活动在某一区域内的集聚往往使一些厂商可以不花成本或少花成本获得某些产品和劳务，从而获得整体收益的增加。

增长极理论自提出以来，被许多国家用来解决不同的区域发展和规划问题，这是因为它具有其他区域经济理论所无法比拟的优点：第一，增长极理论对社会发展过程的描述更加真实。第二，增长极概念非常重视创新和推进型企业的重要作用，鼓励技术革新，符合社会进步的动态趋势。第三，增长极概念形式简单明了，易于了解，对政策制定者很有吸引力。同时，增长极理论提出了一些便于操作的有效政策，使政策制定者容易接受。现代市场充满垄断和不完善，无法自行实现对推进型企业的理性选择和环境管理问题，因此，提出政府应对某些推进型企业进行补贴和规划。

2. 实践应用

近年来，增长极理论在旅游业中得到的应用主要体现在以下三个方面：

第一，增长极理论从理论上给旅游业优先发展提供了依据和支持，旅游业作为旅游地的经济增长点，可以通过其聚集和扩散作用，将旅游业的关联带动作用扩展到一个更为广阔的地域空间。

第二，区域旅游的发展可以遵循增长极理论的发展模式，以优先得到发展的地区来带动区域内其他地区的旅游发展，实现增长点的扩散作用，最终带来整个区域旅游的共同发展。

第三，旅游业的各个部门之间的发展具有不平衡的现象，即旅游业的吃、住、行、游、购、娱六大要素的发展是不平衡的，往往是某个旅游景区（点）先得到了开发并且逐渐发展起来，继而与之相关的娱乐、购物、饮食、住宿和交通等行业先后得以发展，形成完整的旅游目的地接待系统。

（三）点轴开发理论

1. 主要内容

该理论认为，随着经济的发展，经济中心逐渐增加，点与点之间，由于生产要素交换需要交通线路以及动力供应线、水源供应线等，相互连接起来，这就是轴线。这种轴线首先是为区域增长极服务的，但轴线一经形成，对人口、产业也具有吸引力，吸引人口、产业向轴线两侧集聚，并产生新的增长点。点轴贯通，就形成点轴系统。因此，点轴开发可以理解为从发达区域大大小小的经济中心（点）沿交通线路向不发达区域纵深地发展推移。

点轴开发理论主张在经济发展过程中采取空间线性推进方式，十分看重地区发展的区位条件，强调交通条件对经济增长的作用，认为点轴开发对地区经济发展的推动作用要大于单纯的增长极开发，也更有利于区域经济的协调发展。

点轴开发理论的实践意义，在于首先揭示了区域经济发展的不均衡性，即可能通过点与点之间跳跃式配置资源要素，进而通过轴带的功能，对整个区域经济发挥牵动作用。因此，必须确定中心城市的等级体系，确定中心城市和生长轴的发展时序，逐步使开发重点转移扩散。改革开放以来，我国的生产力布局和区域经济开发基本上是按照点轴开发的战略模式逐步展开的。我国的点轴开发模式最初由经济地理学家陆大道院士提出并系统阐述，他主张我国应重点开发沿海轴线和长江沿岸轴线，以此形成"T"字形战略布局。

2. 实践应用

对旅游业来说，空间结构的合理与否，对区域经济的增长和发展有着显著的促进或制约作用。通过运用点轴开发理论，可以在区位选择的基础上，进一步选取一些资源价值高、社会经济发展水平高的旅游中心城市或重点旅游地作为"点"，有意识地选择交通干线作为"轴"，重点开发位于交通线上或附近的"点"，使之形成次一级的旅游中心地。在不断发展的过程中，使交通沿线一些次一级的城镇和旅游风景区、风景点也逐步发展起来，形成交通沿线的轴带发展，从而起到以点带线、以线带面的作用，带动整个地域的旅游发展。

二、旅游资源开发模式

模式是指事物的程式化，是对同类事物有共同效应的一种抽象。旅游资源开发模式可以从不同角度、不同方面加以概括：按照资源属性，可以划分为自然风景类旅游资源开发模式、文物古迹类旅游资源开发模式、社会风情类旅游资源开发模式、宗教文化类旅游资源开发模式及消遣类旅游资源开发模式；按照开发主体，可以划分为政府主导开发模式和企业主导开发模式；按照空间结构，可以划分为增长极开发模式、点轴开发模式、地域生产综合体开发模式和网络开发模式。

我国对旅游开发模式的研究始于20世纪80年代初，在几十年的时间里，对旅游开发的认识大体经历了资源导向、市场导向、形象导向、产品导向四个阶段。本书将对在这四个阶段分别占主导地位的四种开发模式进行分析和探讨。

（一）资源导向模式

资源导向模式产生于旅游业的起步阶段，盛行于20世纪80年代。当时商品经济和市场观念尚未形成，旅游市场刚刚发育，以观光旅游产品为主，发展旅游的出发点往往根据旅游资源的数量和质量来确定旅游区（点）的建设和有关旅游设施的配套等，追求数量型增长。由于资源导向模式的局限性，使得地理学的一些相关理论成了旅游资源开发初级阶段中最重要的理论基础。

1. 主要内容

（1）关注焦点

资源导向模式关注的焦点集中在旅游资源的开发，以旅游资源普查、分类、评价和开发为主要内容，先是考察本地有什么资源，继而对资源进行评价，再分析市场的需要，然后对资源进行功能开发。开发研究对象以传统的风景名胜区、历史文化名城以及文物保护单位等为主，基本上主张进行低度开发和建设，以满足快速增长的旅游市场的需要。该模式比较重视自身资源，往往最后依托的对象会是本地价值最大、本地公认的资源。

（2）基本特征

①基础性特征

众所周知，旅游资源是旅游业发展的基础性要素，在资源导向开发模式中，旅游资源被置于十分重要的位置，旅游资源开发工作要紧紧围绕旅游资源的分类、评价以及特色分析展开。

②主观性特征

主观性特征是指旅游资源开发仅从本地旅游资源的赋存情况出发，而不考虑旅游市场需求以及周边地区的竞争，实行的是从资源到产品的开发路线而非现在的市场到产品模式，主观性的主体不是旅游资源开发工作者而是旅游地的实际情况。

③局限性特征

主要表现在区域上，即对旅游资源的深入细致研究会导致进行开发时以单个旅游资源类型为出发点来强调旅游产品的优化和组合，而忽略区域内各种类型旅游资源的综合开发以及区域外部的合作开发，缺乏整体开发的观念。

2. 开发思路

旅游资源开发在不同类型的旅游区域内，其规划的内容和重点是不同的。对于那些旅游资源赋存丰富、旅游业发展较为成熟或那些具有潜在旅游发展条件的地区，其资源开发中必然会涉及对区域旅游发展战略的研究，必然要包括旅游发展的战略目标和相应对策的研究。毋庸置疑，在制定区域旅游发展战略时，必须以旅游资源结构为基础，充分考虑社会经济条件的影响，从而确定该区域的长期发展规划。因此，该导向模式下的开发思路就是从本地旅游资源的基础情况出发，制订适合本地旅游发展的资源开发计划。

由于资源导向模式是以分析旅游开发地的资源特色和品质为主，而对市场、政策、开发配套条件等方面考虑相对较少，因此，资源导向模式主要适用于对旅游资源品位高，吸引力较强的传统旅游开发地进行深度开发。因为这种区域由于旅游资源的品位较高而吸引了众多慕名而来的游客，即使没有经过开发也往往具备较好的区位条件和基础设施条件，这些旅游目的地的开发重点在于通过何种方式使得旅游资源所蕴含的价值被最大限度地挖掘出来。

(二) 市场导向模式

市场导向模式产生于旅游业的发展时期，盛行于20世纪90年代。随着旅游业的迅猛发展，人们对旅游业的关注程度逐渐提高，一些旅游资源并不突出的地方凭借优势的客源区位,依然获得了旅游业发展的成功,从而打破了认为旅游资源是旅游发展的唯一依托的固有思维模式。与此同时,市场经济的发展大大提高了人们的市场意识,学术界开始反思原有的资源导向模式,并试图建立市场机制下的旅游资源开发模式。

1. 主要内容

(1) 关注焦点

市场导向模式所关注的内容在于市场调查和分析,强调市场需求在旅游发展中比任何条件都重要,认为旅游资源的开发要以市场为研究的核心,一切开发都要以市场的需求分析为前提。实际上,关注市场分析的基础仍然是注意本地的旅游资源赋存状况和特色,该开发模式是将旅游市场的需求与当地的旅游资源相结合,针对市场上不同的需求类型,开发出相应的旅游产品,以获取最大的经济效益、社会效益和生态效益。该模式最终开发的可能并非该地价值最大的资源。

(2) 基本特征

①敏感性特征

市场导向模式是在对本地旅游资源进行科学认识的基础上,兼顾旅游市场需求的一种旅游资源开发模式,旅游市场的变化性就决定该模式不可避免地带上敏感性特征。多变的市场环境及需求决定了不同时期开发的旅游资源是各异的。为了满足游客的多变需求,开发工作者必须对需求的趋势十分敏感。

②客观性特征

该模式的客观性特征是和资源导向模式的主观性特征相对的。这里的客观性包括两层含义:一是该模式下的旅游资源开发工作仍然是在科学评价旅游资源的情况下进行的;二是该模式下的旅游资源开发工作是以客观实际的旅游市场需求为依据的。

③组合性特征

市场导向模式对市场的强力关注决定了旅游资源开发工作者的眼界较资源导向模式更为广阔。市场导向模式下的旅游资源开发不仅注重本地各种旅游资源的组合开发，而且对区域间的经济联动性有了一定的思考，开发时能将区域市场中的竞争与合作有机结合，在竞争中求合作，以合作促竞争。

2. 开发思路

以市场导向模式为指导的旅游资源开发的思路：并非有什么资源就开发什么，而是市场需要什么就开发什么。要求首先对旅游市场作深入细致的调查研究，准确定位客源市场，经过分析研究后掌握目标市场需求的特点。再对旅游资源进行评估、分析和筛选，使得旅游资源与市场需求有效对接。然后以此为依据对旅游资源进行设计、组合，制作成适销对路的旅游产品并推向市场。市场导向模式能最大限度地发挥区域的整体优势，通过满足游客的需要，获得最大的经济效益，实现区域旅游的可持续发展。

要真正理解市场导向的含义，必须在实际的旅游资源开发工作中以市场需求为中心。然而，目前不少的旅游资源开发工作往往是以市场导向为标签，在对旅游资源进行评估、分析时，仍然就资源论资源，缺乏对旅游资源的市场价值的评估，游离于市场需求的边缘，甚至是资源开发与市场分析形成两张皮，与市场导向不符。而且，大多数的旅游资源开发对旅游市场的分析过于概念化和简单化，缺乏对本地旅游市场的细分，更缺乏对旅游市场的定位。

（三）形象导向模式

当旅游发展到成熟阶段，大众化旅游的普及度越来越高，可供游客选择的旅游目的地数量也在增多，旅游市场上呈现出异常激烈的竞争态势。在这种竞争激烈的市场环境中，各旅游目的地均遭遇到旅游增长乏力，经济效益不佳的困境。游客对旅游目的地的选择并不总是决定于资源和市场因素，旅游目的地的知名度、美誉度、认知度以及形象等因素可能更为重要。在这种情况下，形象塑造成为旅游地占领市场制高点的关键。旅游资源的不可移动性，决定了要靠形象的传播，使其为潜在游客所认知，从而产生旅游动机，并最终实现出游计划。

1. 主要内容

（1）关注焦点

形象导向模式是从对旅游系统开发的角度，来对旅游目的地进行整体形象策划和旅游要素规划。通过对目的地旅游形象的塑造和提升来实现区域内旅游资源有效整合与可持续开发利用。该模式中关注的焦点问题包括旅游地的综合开发以及旅游地的整体形象塑造与提升两个方面。

①旅游地的综合开发

一般来说，旅游开发是将旅游地系统的各个部分按照其内在的功能联系，组合而成为一个开发的整体，并对该旅游地综合体进行包括市场、资源、产品、形象、营销、环境、人力、资本等内容的全面综合开发，使旅游地的开发和其今后的经营与管理达成一致，促进旅游地产业结构的调整和升级。这是旅游开发地今后能够保持持续稳定发展的关键所在。

②旅游地的整体形象塑造与提升

从旅游心理学的角度来看，游客对旅游目的地的认识首先要通过感觉器官形成一定的初始印象，然后才有可能进一步进行考察和研究，进而选择其作为旅游的目的地。可见，在旅游地的发展过程中，游客对旅游目的地的选择不是受制于客观环境本身，而是由于旅游地给游客认知形象的影响。因此，旅游资源开发中，要使旅游开发地取得良好的经济效益，就必须对旅游地的旅游主题形象进行统一的设计策划和传播规划，这是形象导向模式条件下开发工作中的另一个关注的焦点。

（2）基本特征

①系统性特征

形象导向模式的系统化特征主要包括如下两层含义：首先，把旅游地的开发作为一个整体系统来看待。开发的对象不仅集中于旅游资源，而且旅游地的企业和人也是开发规划的对象。其次，旅游地形象的塑造也具有较强的系统性。旅游地形象塑造要综合考虑其历史形象、现实形象以及随着旅游地的发展可能出现的未来形象，并且旅游地主题形象需要一系列的辅助形象和活动予以支持，这些均体现了旅游地形象的塑造是一个系统化的工作。

②稳定性特征

该模式下对旅游地形象的塑造是经过综合考虑，在充分分析了区域内外环境之后进行的，因而其设计的形象要在开发期内通过适当的手段不断强化，并在今后的一段时期内努力维持并促进形象的提升。所以，在形象导向模式中，所制定的旅游地形象塑造战略应具有相对的稳定性。

③主题性特征

由于形象导向模式是从旅游地的主题形象塑造入手来进行旅游开发的，因此，主题性特征就成为形象导向模式的重要特征。该特征最为突出的表现就是在塑造旅游地形象时要充分体现该旅游地的主题和特色，并在推广形象时紧紧围绕该主题形象，使游客能切实感受到其鲜明的旅游形象。

2. 开发思路

系统开发理论和综合开发理论作为指导旅游资源开发的重要理念，要求开发工作者从整体的角度对旅游地进行深入的思考。第一，在对当地文脉、特色资源、现代游客旅游消费特点、发展趋势和景区之间的竞合性进行综合分析的基础上，找出自身的优势及特色，提出旅游地在今后较长时间内的发展理念及方向。第二，以形象为核心开发旅游要素，开发出的旅游要素又反过来使旅游总体形象得到进一步强化。第三，在旅游地开发建设及营销的整个过程中，全面塑造和推广主题形象，最终实现打造特色旅游地和在客源市场上树立鲜明旅游形象的目标。

（四）产品导向模式

产品导向模式是旅游业发展到了资源、市场、产品和营销一体化的成熟阶段时出现的一种旅游资源开发模式，实质上是资源导向与市场导向的综合。

1. 主要内容

（1）关注焦点

产品导向模式是从旅游资源状况出发，在充分把握市场需求方向和旅游资源现状的前提下，开发适销对路的旅游产品体系，引导游客进行消费的一种资源开发模式。该模式强调资源优势和市场优势"双向"发挥，既避免忽视市场需求，又避免抛开盲目跟随市场而造成的

旅游开发成本过高和代价太大。人们对该模式关注的焦点主要有三个：一是本地旅游资源的可利用度；二是开发的旅游产品市场推广问题；三是旅

游产品及项目投资的投入—产出或经济效益分析。

（2）基本特征

①综合性特征

从游客的需求角度来看，游客对于旅游的经历有各种不同的要求，这就决定了旅游资源的开发在横向和纵向上要有层次。如在横向上，开发者要尽量策划出类型丰富的旅游项目和节庆活动；在纵向上，开发者要注重不同层次旅游项目和活动的有机组合。从供给角度来看，旅游地会开发出主导型、辅助型及支撑型的旅游产品。因此，产品导向模式体现出了较强的综合性特征。

②创新性特征

既然该模式是立足于本地资源实际开发旅游产品，那么，在设计产品时，必定要与其他旅游地的旅游产品形成差异。如果每个旅游地开发出的都是同质旅游产品，则这些同质产品在市场上的认可度一定不高。因此，开发者在进行开发时必须注重创新性，不断推出差异性的旅游产品，展现旅游开发地所独有的个性特征。

③经济性特征

产品导向模式由于是与具体的旅游产品或项目相关联的，因此，必然会具有较其他开发导向模式更明显的经济性。该经济性主要是通过对旅游项目的投资分析来体现的。在具体的规划开发文本中，会包括各个具体旅游项目的投资年限、回收期、建设规模、预期收益等经济指标，并且会附带旅游项目的投资可行性分析报告。

④动态性特征

由于产品导向模式是通过旅游项目和旅游节庆活动的策划来达到吸引游客的目的，因此，开发工作者在进行旅游项目和节庆活动设计时创意要富有前瞻性、产品形式要不断变化，从而体现出旅游产品常新常异的特点，达到创造旅游需求、吸引游客的目的。

2. 开发思路

产品导向模式从分析、研究市场出发，对市场进行细分，确定目标市场，针对市场需求。有资源则对资源进行筛选、加工或再创造，没有资源也可根据市场和本地的经济技术实力进行策划和创意，然后设计、制作、组合成适销对路的旅游产品，并通过各种营销手段推向市场。

上述模式是在旅游资源开发的过程中不断产生的理念，是在人们的旅游思想由"小旅游"向"大旅游"逐渐转化过程中逐步演进、不断成熟和发展的。我们强调旅游发展的某个环节或因素，只是考虑问题切入点的差异，在具体分析处理区域旅游发展问题时，应因地制宜地采用不同的发展模式。

随着经济全球化进程的推进，各地区均把旅游业作为支柱产业加以重点扶持和优先发展。但是，由于各地区在资源禀赋、区位优势、基础设施、经济发展等条件上的地域差异，决定了它们不可能按照相同的模式去统一开发，必须在综合分析区域旅游资源、旅游市场、旅游产品以及旅游形象等诸项特征的基础上，因地制宜、科学开发、逐步实施，实现旅游业的健康、持续发展。

三、旅游资源开发方法与程序

（一）旅游资源开发的方法

1. 新建

新建是一种常见的旅游资源开发方法，具体是指创造性地建设新的旅游资源，以增强旅游目的地的整体吸引力。该方法重在创新和出奇制胜，只有在综合考虑各方面条件的基础上创造出具有鲜明个性和独特风格的旅游资源，才能获得真正的成功。

2. 利用

利用是指对原本非用于旅游用途的资源进行整理和组织，进而使其发展为新的旅游资源或旅游设施的一种开发方式。随着社会的进步和人们生活水平的提高，人们的旅游需求及其旅游行为特征也发生了明显的变化，这直接导致在一些已经开发的旅游目的地或从未进行过旅游开发的区域内，可以根据人们的旅游偏好，将一些以前未被认识或被认为并非旅游资源的东西改造成旅游资源或旅游设施。

3. 修复

在漫长的岁月中，往往有一些旅游资源由于种种原因出现衰败或遭到破坏，尤其是历史古迹。但对于旅游业来说，由于这些资源在人们心目中仍拥有一定的知名度和影响力，应充分利用这种优势，本着"修旧如旧"的原则对其进行必要的修复或重建，使其重新成为可供游客游览的景点。

4. 改造

改造就是投入一定数量的人力、物力和财力对那些原先利用率不高的旅游资源、旅游设施或者其他设施进行局部或全部的改造，使其重新成为可供游客游览的景点。

5. 提高

当一些现有的旅游目的地由于配套设施的不足无法满足旅游业发展的需要或因其他一些客观原因而出现暂时的停滞时，往往有必要采取一些适当的措施以更新乃至再生其吸引力。

在旅游开发的实践中，以上五种具体的开发方法是很难截然分开的。在大多数情况下，往往综合考虑各方面条件和因素，才能最终确定具体的开发方法组合。

（二）旅游资源开发程序

旅游资源的开发工作一般有以下几道程序：

1. 确定开发项目

确定开发项目，即根据当地旅游资源特色、旅游市场需求特点和经济发展水平等，选择要开发的旅游资源项目，对之后的工作有一个初步的设想。选择要开发的旅游资源项目的基本依据是：旅游市场需求趋势、区域旅游资源特色、地方经济发展水平、区域旅游业发展形象等。

2. 可行性分析

可行性分析的结论直接影响旅游资源开发的成功与否。认真、细致地进行可行性分析是旅游资源开发必不可少的一个环节。

旅游资源开发的可行性分析主要包括以下五个方面：

（1）资源调查与评价

资源调查与评价的主要内容包括：旅游资源的种类、性质、数量、特色、结构与空间分布等。资源调查与评价的结果将对旅游资源开发利用的方向产生直接影响,是判断项目可行与否的重要依据。

(2) 社会经济环境分析

区域的社会经济环境是旅游资源开发的宏观条件,不仅反映了进行资源开发的能力、实力和条件,也反映了资源开发提供保障的能力。没有一定的社会经济基础,旅游资源开发工作很难顺利进行。所以,在旅游资源开发之前对该区域社会经济环境进行科学的分析是非常重要的。

资源所在地的社会环境分析主要内容包括:当地居民对旅游开发的观念和态度,当地政府对旅游开发的支持力度,有关法律政策对旅游活动的规定,旅游业可能带来的文化冲击和社会影响,旅游资源的脆弱性,生态环境的敏感性,旅游环境容量等。经济环境分析的主要内容包括:当地经济现状和发展潜力,对资源开发的经济支持、保障能力,经济影响和控制。

(3) 客源市场分析

客源市场分析主要是分析市场需求方向和需求量。资源优势转化为开发优势取决于市场需求前景,旅游市场分析是旅游资源开发的前提。主要内容包括:客源地的地理位置及特征,客源地的社会与经济发展概况,公众对旅游活动的态度和参与兴趣,每年的出游人数和人均消费,主要旅游动机,客流量的季节性变化,游客的文化层次和经济收入基本水平,游客的年龄等人口统计学特征,旅游客源地的风俗习惯、宗教信仰、民族特征和大多数人的爱好等。

(4) 环境影响分析

旅游资源开发必然会对资源地周围环境带来两方面的影响:一是因为资源开发项目的实施而修建的各类设施必然会对当地环境产生不可避免的开发性影响;二是项目建成后游客群体性进入旅游地,其活动也会对当地环境产生影响。必须要分析和评估这两种影响的大小、程度、范围,为补偿措施提供依据。如果对环境影响太大或可能造成不能挽回的损失,则应从可行性方面提出质疑,停止项目开发或另选方案。

（5）投资效益分析

进行投资效益评估时，要利用从客源市场分析获得的年游客预测人次规模、人次消费金额、年人均消费水平等资料，根据预算投资额、资金流动周期，从中核算出旅游收入总额、投资回收期限、投资回收率和盈利水平。

3.总体规划

（1）确定发展目标

不同开发项目往往有不同的发展目标，或几种目标兼而有之，或各有侧重。在制定总体规划时，可以对不同的目标进行排序，各个目标逐一落实，最终使每个目标都能得以实现。

（2）旅游资源开发定位

旅游资源的开发定位主要包括以下四个方面：

①形象定位

形象包括原生形象和次生形象。原生形象既是游客在个人经历和所受长期教育的影响下，产生的对旅游地的基本认识。次生形象，即在旅游促销机构的形象推广和公关活动影响下产生的形象。

在开发初期，旅游资源的形象是游客心目中的基础形象，目标市场的选择和市场定位是形成形象的主要因素。在开发后期，应根据旅游资源的价值、声誉、市场份额及受游客青睐程度进一步完善旅游资源。

②功能定位

旅游活动行为可由低级到高级分为基本层次、提高层次和专门层次。基本层级是游览观光，客源市场需求最广。游乐和购物旅游是旅游活动的提高层次，客源市场需求面次之。专门层次的旅游活动包括多种多样的特种旅游，市场面相对较窄，但非常专一。从旅游需求角度来说，基本、提高和专门三层旅游需求构成了一种金字塔结构。由于旅游资源的性质、类别、价值不同及客源市场的消费水平、偏好各异，不同旅游地的旅游行为层次各有侧重。这一点体现在旅游资源开发的功能定位上，即开发是侧重于文化旅游型、商务旅游型，还是休闲度假型。

③市场定位

旅游区的目标市场一般分为三层：境外市场、全国市场和地方市场。对多数旅游区来说，目标市场的三层结构经常是相互重叠的，因此，在进行旅游资源开发市场定位时，既要兼顾三层客源市场，又不能面面俱到，要重点考虑一种主要目标市场。

④模式定位

根据区域特点和所处发展阶段，选择资源导向、市场导向、形象导向或产品导向模式。

（3）确定规划区范围、规模和性质

确定旅游资源开发规划区的范围和规模，即决定旅游区的空间尺度。只有明确了范围，才能进行具体、全面的开发、管理和保护。范围界定和开发规模的确定，要从有利于开发和保护的角度出发，注意保持景观的完整性、连续性和方便于开展旅游活动，且不受行政区的限制。

规划区的性质主要根据旅游资源的性质、旅游产品的定位来确定。

（4）进行项目总体布局

总体布局是非常关键的一步，主要是确定各种规划要素的分布位置及功能区的布局。不仅是对景点、资源的定位，而且包括交通线路的规划和服务设施的布局，同时，还要涉及规划区的旅游线路，要给未来的旅游区扩展计划留有余地。几个方面要平衡协调，形成一个统一、完善的布局。

（5）决定开发顺序和步骤

由于人力、物力、财力的限制，旅游资源开发项目一般不能同时全面进行开发，而应有选择、有重点、有时序地分期建设。在保证重点项目开发的基础上，不断增加新项目、新产品，逐步形成完善的旅游服务配套体系。

4. 具体项目设计

具体项目设计，即旅游详细规划和旅游修建规划。与总体规划相比，具体项目设计更复杂、精细，任务也更繁重。从设计对象看，具体项目设计可分为景点景物设计和旅游设施设计，其内容包括每个具体项目的选址、建设规模、等级、式样、完成期限及所需的投资额等。

5. 项目实施与监控

在进行了总体规划和具体项目设计，按照法定程序得到上级相关部门审批后，旅游资源开发工作就可以付诸实施。在建设过程中，需要解决的是资金筹措和部门分工的问题。筹措资金的方式多种多样，可以采取政府融资、集体融资、私企融资或国际融资等方式。为了保证项目的顺利实施，应成立一个专门的组织机构，负责整个项目的领导、指挥、协调和监管，以保证各部门能合理分工，劳动力资源能有效配置。

在实施过程中，应随时对开发的工程质量、经济支出进行统计监督，将统计结果与预定目标和财政预算进行比较，找出偏差及原因，从而调整实施方案或预期目标。

第二节 旅游资源开发规划原理

一、旅游资源开发规划含义

对"旅游资源开发规划"含义的认识遵循"规划—旅游规划—旅游资源开发规划"语义理解的逻辑顺序。因此，首先要弄清楚什么是规划，"规划"一词有狭义和广义之分。狭义的理解是指制订或实施某种计划的过程；广义的理解是指人类对研究对象变化规律的认识。

根据对规划的理解，旅游规划可以理解为对未来旅游发展的构想和安排，以追求最佳的经济效益、社会效益和环境效益的过程。从旅游系统的视角，旅游规划是指在旅游系统要素发展现状调查评价的基础上，针对旅游系统的属性、特色和发展规律，并根据社会、经济和文化发展的趋势，以综合协调旅游系统的总体布局、系统内容要素功能结构以及旅游系统与外部系统发展为目的的战略策划和具体实施。

旅游资源开发规划不属于现有的法定规划编制体系，但是从学术的角度看，它是旅游资源学的重要组成部分。同时，旅游资源开发规划的内容往往也是各类型法定规划的核心内容。按照前述旅游规划含义的解读，结合旅游资源学的特点，旅游资源开发规划是指在旅游资源调查、评价基础上，针对旅游资源的属性、特色和旅游地发展规律，按社会、经济、文化发展趋势和要求，根据全局性社会经济发展规划和旅游业结构体系的要求，对拟订进行旅游开发的区域作出全面安排与总体部署，借以规划旅游资源开发的总体布局、项目技术方案和具体实施方案。

二、旅游资源开发规划意义

旅游资源开发规划具有战略性的指导意义，它明确提出了旅游资源开发的规模、速度、布局、模式、方法与目标，为旅游资源开发提供科学依据，实现旅游资源的有序开发和可持续发展。其意义具体体现在以下几个方面：

（一）论证旅游资源可利用性

旅游资源是广泛存在的，但一个区域的旅游资源开发的时机、次序、程度、定位等问题都需要科学的把握。旅游规划是在对旅游资源严格调查、评价与科学预测的基础上，对拟订进行旅游开发区域的未来进行合理的构想和谋划。因此，避免了将低俗事物划归到旅游资源开发范畴内，避免了将那些吸引力低的旅游资源超量开发，避免了将生态脆弱的旅游资源过度开发等问题。旅游资源开发规划的重要意义首先体现在论证了旅游资源的可利用性，并据此提出旅游资源开发利用的科学手段与方案。

（二）提高旅游资源吸引力

旅游资源被开发前往往带有潜在性和原始性，当然这本身也对一些旅游者构成吸引力，如探险旅游者喜欢那些未被开发的人迹罕至的地方。但在大多数情况下，旅游资源通过一定的规划和开发予以发掘，加以修饰，才能凸显出其独特之处并提高旅游资源吸引力，获得更好的旅游综合效益。另外，旅游资源的吸引力在很大程度上受旅游者心理的影响。随着社会的不断进步，旅游者的需求品位越来越高，旅游资源要保持持久的吸引力，就必须把握资源与市场的有机结合，因此，旅游资源开发规划就显得尤为重要。

（三）保证旅游资源综合效益

在旅游开发的过程中，普遍存在未经认真考察和科学分析便匆匆实施开发的现象，这往往容易导致对旅游资源的破坏性开发。旅游资源开发规划通过对旅游资源本体及其开发条件的科学分析，合理设定旅游容量，提出可持续的开发策略，很大程度上协调了旅游资源开发的经济效益、社会效益和生态效益，促进了旅游业的健康可持续发展。

（四）确定旅游发展合理目标

旅游资源是旅游发展的前提和基础，因此，旅游资源开发规划目标的合理性对于一个区域的旅游发展至关重要。旅游资源开发规划通过大量科学性调研和预测，确定一个区域合理的旅游资源开发总规模、总水平和总方向，既寻求目标的最优化，又保证目标的可达性，准确地把握旅游发展的客观规律。旅游资源开发规划目标的确定过程是一个寻求理想与可达之平衡点的过程，是区域旅游发展目标最重要的组成部分。

三、旅游资源开发的规划原则

（一）以人为本原则

旅游活动是用来满足人们的精神和文化需求的，应该能够有效地促使人们身心愉悦，提高生命质量。因此，旅游资源开发规划应该将"以人为本"作为根本原则，通过对旅游资源科学系统的规划、引导与开发，使游人在亲近自然山水、接触社会人文、享受美食、休闲购物的旅游过程中，能够充分地体会到旅游所提供的审美价值、文化价值、健康价值、知识价值、精神价值等人们所期望的体验和收获。

（二）整体优化原则

旅游资源开发规划的对象通常不是一个单一的旅游景点，而是一个复杂多元的地域系统。这个系统是由相互作用的各种类型的旅游资源及其相关的经济社会人文因素构成的。因此，旅游资源开发规划不可能将其中的旅游资源单独割裂开进行规划开发，而应该是以旅游资源为核心，以整体优化原则为指导，对系统整体的组合、平衡和协调进行规划，进而建成一个功能完善、稳定、可持续的旅游地域系统。

（三）市场导向原则

市场导向原则是市场经济体制下的一条基本原则，旅游资源开发应该注重旅游市场信息的调研，把握旅游市场需求的趋向，从而确定旅游资源开发的主题、规模、速度和层次。这样，既能够有效实现旅游资源开发的经济效益，又能够极大地满足游客需求而实现旅游资源开发的社会效益与生态效益。

（四）环境保护原则

大多数旅游资源具有不可再生性，尤其是那些环境敏感、生态脆弱的区域极易受到影响。大量旅游资源过度开发、无序开发的反例已经为我们敲响了警钟，不适当的开发行为往往导致环境负效应。因此，环境保护原则是旅游资源开发过程中需要时刻牢记的一条重要原则，规划中，应妥善处理旅游资源开发与保护的关系，坚持保护与开发并重，科学划分旅游资源开发的区域、类型、等级与次序，采取切实有效措施使旅游资源保护工作落到实处。

（五）特色制胜原则

在旅游资源开发规划中，挖掘旅游资源特色，巧妙设计包装旅游资源，从而形成重点突出、内涵丰富、形象鲜明、独具特色的旅游产品，才能够对游客形成巨大持久的吸引力。因此，规划中切忌模仿、抄袭、跟风，否则缺乏新意，旅游规划区域将不具备竞争力和生命力。

四、旅游资源开发规划理论

（一）系统理论

通常把系统定义为：由若干要素以一定结构形式联结构成的具有某种功能的有机整体。系统论认为：整体性、关联性、等级结构性、动态平衡性、时序性等是所有系统共同的基本特征。一共包含五层关系：一是旅游地域系统的"可开发性"是旅游规划思想的逻辑起点，其特征构成了旅游规划实践的基础和前提条件；二是旅游地域系统发展的"协调性"要求，成为旅游规划必要性的基本解释之一；三是旅游地域系统的"自组织性"依赖于旅游流在各要素之间的维系功能，成为旅游规划的主要任务之一；四是旅游地域系统的"人性"特征，为判断旅游规划的合理性提供了价值标准；五是旅游地域系统的"开放性"为旅游规划的后效评价提出了更高的要求。

系统理论不仅为正确认识旅游规划的对象即旅游系统提供了科学的理论支撑，同时，系统思想即整体性观点、相关性观点、结构性观点、层次性观点等渗透于各类旅游规划中，系统方法如演绎法、归纳法、关联分析等广泛的运用于旅游规划中。由此可见，系统理论已经成为旅游规划的重要理论基石。系统理论体现在旅游资源开发规划中的基本思想是：以旅游目的地（资源）系统为规划主体对象，在对系统内诸因子及相关系统进行调查研究与评价的基础上，制定出全面的、高适应的、可操作的旅游资源开发战略与方案，达到整体最佳且实现旅游资源开发的综合效益与可持续发展。

（二）景观生态学理论

景观生态学是生态学与地理学交叉融合产生的一个新兴学科。景观生态学以整个景观作为研究对象。在景观生态学中把景观定义为以相似的形式在整体上重复出现的、由一系列相互作用的生态系统组成的异质性区域。景观由景观要素或景观组分组成，而景观组分是相对均质的生态系统。每一个景观单元可以被认为是由不同生态系统或景观组分组成的镶嵌体。因此，不同的景观具有显著的差异，但是所有景观又具有共性，即景观总是由斑块、廊道和基质等景观组分组成的。景观生态学特别关注四个问题：空间异质性的发展与动态、异质性景观之间的相互作用和交换、空间异质性对生物和非生物过程的影响、空间异质性的管理。因此，景观生态学的理论核心也可以说就是生态空间理论，聚焦为研究景观空间异质性的保持和发展。

景观生态学既适合旅游资源开发的空间研究与规划，又与旅游尤为强调的生态内涵相一致，因此是旅游资源开发规划的理论基础之一。该理论在旅游资源开发规划中的作用集中表现为：一是为实践者提供了科学的指导思想和理论框架，更加有利于实现旅游资源的可持续发展；二是为规划设计者提供了一系列的方法、技术，如景观结构分析、景观功能分区等。在我国积极建设生态文明社会、人们热衷生态旅游的背景下，景观生态学理论对于旅游资源开发规划有着更加重要的指导意义。

（三）市场学理论

市场学是研究企业市场营销活动规律的经济管理学科分支，其经典理论为美国学者麦卡锡（Joseph Raymond McCarthy）教授在20世纪60年代提出的4P概念，即产品（Product）、价格（Price）、营销渠道（Place）、促销（Promotion）。市场学理论应用于旅游资源开发规划中，就是强调旅游资源开发与旅游者需求的有效对接。旅游需求与供给是旅游经济活动中两个最主要的环节，它们既相互依存又相互独立，既相互适应又相互矛盾，是对立统一的关系。旅游资源开发正是为旅游市场供给旅游产品，所以，旅游资源开发规划必须运用市场学理论方法，进行旅游市场调研，掌握客源的社会经济、心理特征、需求特征与现状、客源地与规划区的空间相互关系、客流量大小及时空分布规律和发展趋势、资源互补性和替代威胁等信息。在上述资料基础上综合分析和研究，对旅游资源开发的市场前景准确定位，包括市场的分级及制定开拓策略等。市场学理论使得制定的旅游资源开发规划减少了盲目性和主观性，有利于达到旅游供求的动态平衡，保证了旅游资源开发活动的综合效益尤其是经济效益。

（四）旅游人类学理论

人类学作为一门研究人类体质和社会文化的独立学科，自19世纪中期形成以来，在国际上已逐步发展成为一门关心人类生存与发展的决策性学科。经过100多年的发展，人类学的理论积累日渐丰厚，理论流派与分支学科趋于多元化，主要分支为体质人类学、考古人类学、语言人类学和文化人类学。20世纪60年代，西方人类学家开始用人类学的理论和方法研究旅游现象，历经40余年的发展，形成了多种观点，积累了一定的研究成果，促使文化人类学与旅游学交叉而形成了新的分支学科——旅游人类学。

旅游人类学应用于旅游资源开发规划上，意义重大，具体体现在：一是为旅游规划师提供了一种"以人为先""以人为本"的规划哲学，将旅游资源的开发首先聚焦于人，即旅游者、当地社区居民和旅游开发商等的权益及其相互关系，然后才是景点、基础设施、旅游线路等物质规划的考虑。二是人类学的文化变迁理论和影响分析方法，有利于建立包含社会文化综合目标的旅游资源开发规划，为促进当地文化的保护和旅游开发及目的地经济、环境、社会文化目标的协调发展提供了理论支撑和技术工具。三是旅游引起的大规模人口流动，在客观上造成了某种特殊的跨文化交流，旅游人类学强调规划应构建充满人文关怀、和谐共处的旅游社区，从而避免负面的文化碰撞，并能够为在出现不可避免的冲突时寻找合乎大多数人意愿的解决途径提供理论依据。

（五）旅游地生命周期理论

旅游地生命周期理论是描述旅游地演进过程的一种理论，此理论认为旅游地生命周期一般经历探索阶段、参与阶段、发展阶段、巩固阶段、停滞阶段、衰落阶段或复苏阶段。

旅游地生命周期理论说明了旅游地在演化的不同阶段呈现出不同的特征性和规律性，这在客观上要求旅游资源开发规划要注意分析旅游地所处的发展阶段及其特点，提高规划的适用性和可行性。关于旅游地生命周期影响因素的分析，有利于旅游资源开发规划抓住影响旅游地发展的主要因子进行规划。同时，旅游地生命周期演化方法对于规划中开发的阶段划分及其目标设计都有很重要的理论指导意义。

第三节　旅游资源开发规划编制

一、旅游资源开发规划编制主体

《旅游规划通则》规定，从事旅游规划编制的单位，即旅游规划的制定主体，必须通过国家旅游行政主管部门的资质认定。这一要求也同样适用于旅游资源开发规划的编制主体。

（一）规划编制主体的类型

旅游规划设计单位资质分为甲级、乙级和丙级认定条件。申请甲级、乙级资质的旅游规划设计单位经所在地省级旅游规划设计单位资质认定委员会推荐，由全国旅游规划设计单位资质认定委员会认定。丙级旅游规划设计单位的资质经全国旅游规划设计单位资质认定委员会授权，由省级旅游规划设计单位资质认定委员会直接认定，并报全国旅游规划设计单位资质认定委员会备案。

（二）规划编制主体的确定

确定旅游资源开发规划编制单位的方式通常有公开招标、邀请招标、直接委托等。公开招标是指委托方以招标公告的方式邀请不特定的旅游规划设计单位投标。邀请招标是指委托方以投标邀请书的方式邀请特定的旅游规划设计单位投标。直接委托是指委托方直接委托某一特定旅游规划设计单位进行旅游资源开发规划的编制工作。

当规划编制单位确定下来以后，委托方应制订详细的项目计划书并与规划编制单位签订旅游资源开发规划编制合同。

二、旅游资源开发规划编制程序

世界旅游组织将旅游规划编制程序分为六个步骤：研究准备阶段、目标确定阶段、实地调查阶段、分析和综合阶段、政策和规划的形成阶段、实施与调整阶段。我国政府发布的《旅游规划通则》（GB/T 18971—2003）规定了旅游规划的编制程序为任务确定阶段、前期准备阶段、规划编制阶段与征求意见阶段。

三、旅游资源开发规划编制内容

按照旅游资源类型和空间尺度差异，旅游资源开发规划包含风景名胜区规划、旅游度假区规划、自然保护区规划、（地质、森林、主题）公园规划、世界遗产地规划、特色旅游街区规划、历史文化名城规划、旅游城市（镇）规划以及旅游资源开发的项目用地规划等类型。这些类型的规划主要包含以下 12 项内容：

（一）规划依据和原则的提出

规划依据包括中央及地方制定的各种有关的法律、政策、决定（特别是与该地区旅游规划相关的管理办法或条例）。同时，规划者应充分考虑旅游资源开发的利益相关者权益，结合旅游资源自身特点，制定旅游资源开发规划的基本原则，以此为规划的准则。

第二章 旅游资源开发规划

（二）规划区域概况

在规划时，必须对旅游规划对象有一个大致清晰的了解，否则就失去了规划的基础，容易脱离实际，导致可操作性差。规划区域概况一般包括自然地理状况和社会人文状况。前者包括当地的自然条件、环境质量、自然灾害、气候、植被等；后者包括历史变革、民族成分、社会经济、民风民俗等。在规划中，应对主要的特征部分加以详细的阐述，甚至掌握某些方面的详尽材料。例如，民俗文化旅游区的开发规划，除了解基本的自然社会状况外，还必须掌握各个民族具体的人口数目、民俗节事情况、民族生活方式与禁忌等。

（三）旅游资源调查和评价

旅游资源调查和评价是编制旅游资源开发规划的前提条件和基础工作。首先，要确定规划范围，即被规划区域的占地面积和边界。规划范围的大小多由委托方提出，必要时受托方可以与委托方协商，提出合理的规划范围。然后，主要参照《旅游资源分类、调查与评价》（GB/T 18972—2017），建立拟开发区域旅游资源数据库，分析评估旅游资源的种类、数量和分布等，确定当地旅游资源的特色和优势，初步确立旅游资源的开发方向与开发时序。

（四）区域旅游资源竞争状况分析

旅游资源开发规划还应考虑本地区或邻近区域正在兴建或已经建成的旅游资源开发项目，包括旅游资源的级别、规模、种类、替代性、互补性、关联性等，分析未来可能出现的竞争与合作情况。习惯采用的方法为SWOT分析法、旅游空间竞合分析法等。

（五）旅游客源市场分析、定位与预测

根据旅游资源的特点、区域旅游资源竞争态势、旅游者偏好等旅游资源开发主客观条件分析，预测拟规划区旅游客源市场未来的总量、结构和水平，明确规划区的主要客源市场，包括客源市场范围、客源地、客源规模及结构、市场目标体系，制定相应的扩大客源地和开拓各种旅游市场的营销策略。客源市场分析将直接涉及旅游资源的开发程度、旅游接待服务设施的容量设定等问题，同时，对于旅游项目的创意设计产生重要影响。

(六）空间布局和功能分区

旅游空间布局解决的是如何在旅游开发区域范围内合理地安排各类旅游景点、接待服务设施、旅游基础设施、游览交通设施以及其他设施，确定用地结构，并限定各项设施的体量、风格、高度、容量、用途及其他要求等。功能分区是指根据用地条件、旅游资源特色和旅游活动安排等要素，把旅游区划分为以满足旅游者某种需要为主的若干个区域，如景观观赏区、休闲娱乐区、野外活动区、服务中心区、专业园区、后勤工作区、康体度假区、自然保护区等。划分功能区的目的是为了合理地用地，科学地安排旅游活动，有效地保护旅游区资源和环境。

(七）旅游项目设计与安排

旅游项目设计是旅游资源开发规划的核心，它最能体现出规划者的水平，直接影响旅游开发区域的生存与发展。旅游项目设计的主要内容：旅游项目的特色和主题；旅游项目的内容编排；各项目的重要程度、先后次序、建设年限和标准；投资规模和筹资渠道等。

(八）旅游交通与线路组织

旅游交通包括对外交通系统和区内交通系统。对外交通系统规划一般依靠原有的交通条件，故其不是规划的重点，但应保证游客在景区能够"进得来，散得开，出得去"。同时，在与外部联系的线路组织过程中要考虑游览的组织方式、游览的交通工具选择、游览时间安排等。区内交通系统规划包括游览线路布局和交通方式。景区的游览线路应尽量避免平直、垂直路线，要充分利用小山、河流等景物，使得道路适当弯曲，让游人获得移步换景的感觉。同时，游览线路要尽量避免让游客走回头路。交通方式要力争多样化，并互相配合，步行道、登山道、索道、缆车、游船、自行车等方式均可以采用，让游客有尽可能多的选择。

(九）旅游开发支持保障体系规划

旅游开发支持保障体系规划是旅游规划不可或缺的内容，主要涉及住宿设施、餐饮设施、商贸设施、邮电通信、医疗卫生等方面。这些旅游基础设施、配套设施，一是要与旅游开发区域主题风格一致，尤其避免"建筑垃圾"和城市化倾向；二是要充分考虑游客需求，体现人文关怀。服务项目种类应该齐全并丰富多彩，在服务方式上可考虑地方特色，从而给游客留下深刻的印象。

（十）旅游资源环境保护

环境保护是当今世界发展的主题。投资任何项目，生产任何产品，也只有和环境保护联系起来才有持久的生命力。旅游资源开发规划同样要注意环境保护，从而提高旅游资源的天然性、原真性、生态化，使其更具品位和吸引力，同时实现可持续发展。这部分内容往往基于各种旅游容量（或环境承载力）指标的测算，从而制定科学系统的旅游资源开发环境保护措施。

（十一）旅游资源开发效益分析

旅游资源开发规划效益分析是指运用资金的时间价值理论、投入产出法、生态足迹分析法、层次分析法（AHP）和德尔菲法等手段综合评估旅游资源开发的社会效益、经济效益和生态效益。旅游资源开发效益分析是编制旅游资源开发规划的重要技术部分，是全面反映资源开发的数字化规划，也是规划可行性研究的重要参考。

（十二）规划图件或附录

规划图件一般包括旅游资源分布图、交通位置图、开发现状图、用地规划图、保护规划图、旅游线路图、旅游服务设施图、分期规划图等。附录则包括重要的表格和规划中尚待说明的问题。

四、旅游资源开发规划技术方法

旅游资源开发规划技术方法是应用于规划实践中最为具体的方法及技术，是旅游规划的实用工具，如数学方法、调查方法、社会学方法等，它们都被灵活地运用于旅游资源开发规划中的多个方面和多个阶段。目前实践运用中最常用的方法有旅游卫星账户技术、旅游资源评价技术、客源市场分析技术、GIS技术、环境容量测算方法等，并不断地有其他学科领域的方法和先进技术被引入进来。旅游规划技术方法总体上是一个由不同层次、不同类型方法构成的综合体系。限于篇幅，下面主要介绍旅游项目创意的思维方法、GIS应用技术。

（一）旅游项目创意的思维方法

成功的旅游开发项目得益于独到的创意。这在交通日益便捷、旅游市场竞争日趋激烈、消费需求日趋苛刻的发展态势下，显得更为重要。创意是一个旅游开发项目的灵魂，决定其生命力和竞争力。旅游开发项目的创意要有专门的设计部门及其工作人员承担，甚至有时只靠规划设计单位也远远不够，要邀请"外脑"。旅游开发项目创意的形成具有一定的规律性和技巧性，其具体方法超过100种，可大致划分为四种类型（表2－1）。

表 2－1 　　　　　　　　旅游项目创意的思维方法

类型名称	操作思路	具体方法
关联分析法	通过对旅游资源开发条件、旅游资源竞争性和组合性的分析，确定旅游资源开发的影响因素，找出资源自身特色与优势，明确旅游资源开发主题与形象。	二维矩阵分析法、形态学分析法、联想分析法、类推分析法、类比分析法、灰色系统法、SWOT分析法、优势组合法、综合分析法、空间竞合分析法等。
品质分析法	通过对已有旅游资源开发项目的分析，找出既有项目通过实践检验的优缺点，形成不同于原有项目的新概念、新内涵。	检测表分析法、属性列举法、功能分析法、效益分析法、多维分析法、SWOT分析法、系统分析法、优势组合法、逆向思维法。
趋势分析法	通过对市场需求分析，预测旅游市场未来发展态势，寻找潜在的市场机会，构思适应旅游发展趋势的旅游开发创意。	综合列表分析法、市场细分法、趋势预测法、竞争力分析法、情境模拟法、假设方案优选法、技术预测法等。
群体创造法	通过运用专家、开发设计人员、社区居民等群体讨论方法，来进行旅游资源开发的创意构思与项目设计。	头脑风暴法、德尔菲法、倾向思考法、创造性刺激法、多学科小组法、集体讨论分析法、集思广益法等。

上述各种方法各有其优缺点，其使用效果因人、因条件变化而有差别。因此，这些方法在实践中往往不是孤立地使用，而是多种方法综合使用，相

互印证，从而提高旅游资源开发项目创意的新颖性、现实性和可能性。

（二）GIS 应用技术

从技术和应用的角度，GIS 是解决空间问题的工具、方法和技术；从学科的角度，GIS 是在地理学、地图学、测量学和计算机科学等学科基础上发展起来的一门学科，具有独立的学科体系；从功能的角度，GIS 具有空间数据的获取、存储、显示、编辑、处理、分析、输出和应用等功能；从系统学的角度，GIS 具有一定的结构和功能，是一个完整的系统。GIS 技术把一般的数据库操作（如查询和统计分析等）、独特的视觉化效果、地理分析功能有效地集成在一起，使其具备了解释事件、预测结果、动态模拟等实用价值。在旅游规划中，常用的 GIS 软件有 Mapinfo, ArcView, ArcInfo 等，其主要应用体现在以下几个方面：

1. 定量化的旅游规划

GIS 系统支持对任意评价单元的各种空间分析，如坡度、坡向、单元公路网长度、各类用地面积的测算等，并将所有评价值加权汇总，使评价分析和规划定量化，更加科学精确。

2. 可视化的分析评价过程和规划过程

GIS 为分析、评价和规划提供了一个可视化的环境，系统地把空间位置信息与有关属性建立起逻辑上的关系，大大扩展了空间查询、分析和评价等功能。系统不仅可以显示出规划对象在图像上的二维空间分布，而且可以通过图形叠加和属性查询功能，透视某一个区域某一点的任何图像及其相应的属性，包括文字、音像等多媒体信息。

3. 可模拟的动态规划

在 GIS 的辅助下，各种规划方案可以在计算机上进行模拟显示，使人们可以预先获得对规划结果的认识。对于 GIS 支持下的分析、评价和规划，当因时间或数据变化或其他原因需要调整时，只需要修改相应的数据指标或规划目标或相应的分析、评价和规划的模型即可，不必全部重来，规划图件的修改也只需要修改相应部位的符号或内容，其他部分可保持原样，这样不仅节省了大量的人力物力，而且实现了规划的动态模拟和科学预测。

第三章　旅游多种资源开发

第一节　气候旅游资源开发

一、气象气候旅游资源

地球周围聚集着一层厚厚的大气，由地表至高空，其上界由于受地心引力较小，气体稀薄，逐渐过渡到宇宙气体，称之为大气圈。大气圈的最下部为对流层，由于温度、湿度分布不均，空气产生强烈的对流运动和水平运动。一切风、云、雨、雪等现象都出现在这一层，是天气变化最复杂的层次。它与人类生活的关系密切，也是塑造地球岩石变化的作用力之一。在大气中时常发生一些引人注目的云、雨、风、露等物理现象以及增温、冷却、蒸发、凝结等物理过程。这些物理现象和变化过程，称之为气象。这些现象在一个地区短时间内的具体表现，称作天气。一个地区多年常见的和特有的天气状况的综合就是气候。大气圈中引起的冷、热、干、湿、风、云、雨、雪，霜、雾、雷、电等气象与气候过程的发生，形成地球各地景观及其功能各异的气象气候旅游资源。

（一）气象、气候与旅游的关系

构成气象气候的各种要素，不仅具有直接造景、育景的功能，是旅游资源不可缺少的组成部分，而且直接或间接地影响人们的旅游活动，进而影响旅游业的发展。其影响主要表现在以下四个方面：

1. 影响区域景观的形成

气候复杂多样，从寒冷的极地气候到湿热的赤道雨林气候，从大陆内部的干旱气候到海滨、海岛的海洋性气候，类型多样，为旅游活动提供了多种多样的选择机会。

气候因素影响区域自然景观的形成。例如，气候条件的不同使我国南北形成不同的景观，冬季北方冰天雪地，而岭南却郁郁葱葱。气候还在区域人文景观的形成中发挥重要作用。一般来说，经过长期历史发展和选择，传统生产和生活方式总是与一个地区环境条件相适应，其中与气候条件的适应关系表现最为明显。例如，我国北方传统的"面南背北"居住方式是与冬季北风盛行、房屋采暖御寒相关联的，南方竹楼是适应湿热气候的产物。

2. 影响旅游流时空的分布

旅游流时空分布不均衡性是由多种原因造成的，气候影响是一个重要方面。从全球来看，亚热带和温带一年大部分时间气候温和，雨量适中，水文及植被条件较好，为游客提供了较好的环境及自然景观观赏条件，适宜于多数人的一般旅游；而热带或寒带，或炎热，或寒冷，自然景观单调，不能为一般游客提供较好的环境或观赏对象。

春天草木泛绿、百花盛开、气候温和、阳光明媚，是各地旅游的美好季节，我国秋天大部分地区秋高气爽、气候宜人、风沙较少，因而游客出行主要集中在春秋两季；夏天的炎热和冬天的寒冷抑制了人们的旅游欲望，因而冬夏两季出行较少。

3. 影响游客观赏的效果和舒适度

气象气候是影响旅游活动非常重要的因素，主要表现在：

（1）气象气候是旅游活动的基本条件，适宜的气候可以为旅游活动提供完美的条件，相反，恶劣的气候条件会给游人活动带来诸多困难。

（2）影响游览效果和气氛。例如，日出、日落、极光、佛光等特定观赏项目，都靠天气条件来决定是否能如愿以偿。

（3）气象气候条件还影响游人的舒适度。例如，海滨游泳需要好天气，阳光充足，水温适度，使水浴、光浴、沙浴有效地结合起来，而阴雨天，水沙不暖，游客会感到不舒服，效果就会受到影响。

4. 影响风景区旅游功能的发挥

有些风景区旅游功能能否充分发挥，与气象气候条件有密切关系。例如，大面积、一定深度的水体，如有必要的气象气候条件配合，则可开展游泳活动，但有些海滨风大浪高，难以开展，有些高山湖泊水温太低，也不宜进行一般性游泳活动，旅游功能受到一定限制。而有些海滨既有海水、沙滩、阳光，又有温润的气候及海陆风配合，形成避暑度假、休息疗养的胜地，如我国北戴河、鼓浪屿等风景区。

(二) 气象气候旅游资源的特点

1. 地域性

地理纬度、海陆分布、地形起伏，对大范围气候的形成起着决定性作用。气候的地带性分布，促使各地的气象气候旅游资源具有鲜明的地域性。一些特殊景象必须在特定场合与地点才会显现。如雾凇出现在松花江沿岸；地处热带的海南岛，年平均气温 23℃～25℃，终年长夏无冬，四季常青，是我国冬季避暑的最佳场所。

2. 季节性

温度、湿度等诸多气候要素，都有规律性的日变化和年变化。不同的气象景观在一年内出现的时间，也有明显的季节变化。例如，被誉为"黄山四绝"之一的云海，波涛翻滚此起彼伏、飘忽不定，吸引众多的仰慕者去一睹它的风采。然而如愿者为数不多，原因在于云海的展现也有季节差异。年平均 40 天的云海，主要出现在 11 月至次年 5 月。

3. 瞬变性

大气中的各种物理现象和物理过程，往往变化迅速，变幻无穷。只有把握时机，才能如愿以偿。如四川峨眉山，人们苦攀登顶，总想一睹"佛光"。事实上，"佛光"一般出现在日出后和日落前的一小段时间，瞬变性大，游客能观赏到的概率很小。

4. 组合性

气象气候景观作为旅游产品开发，常常要与其他旅游资源相组合。例如，我国处于热带、长夏无冬的地域不小，但并不都能开发成避寒之地。海南岛之所以能成为避寒胜地，除气候条件优越外，蓝天、碧水、沙滩、黎族风情、五指山风光等，都是重要的支撑点与组合要素。

二、气象气候旅游资源的类型

（一）气象旅游资源

气象万千，瞬息万变。千变万化的各类气象景观与岩石圈、水圈、生物圈等旅游景观组合，再加上人文旅游资源的点缀，就构成了一幅仙境幻影般的自然旅游资源。

1. 云雾

云雾所构成的气象奇观是温暖湿润地区或湿润季节出现的景观美。一是薄云淡雾，其似轻纱叠加在一切景观上，赋予大自然一种朦胧美；二是流云、飞雾的变化莫测，气势磅礴的真切景观美。在山区，云雾的积聚和流动，可以形成瞬息万变的云雾奇观，吸引游人观赏。例如，"双峰插云"（西湖十景之一），"狮洞烟云"（蓬莱十景之一），"平安云海"（太白山八景之一），"罗峰晴云"（峨眉山十景之一）等。这里要特别提出的是庐山的瀑布云，它很奇特。有人形容该处云雾时说"庐山之奇莫若云，或听之有声，或嗅之欲醉，团团然若絮，蓬蓬然若海"。为何云雾有声有味？"声"是在云雾遮罩下不见其形的溪流、山泉和林涛发出的声音；"味"是庐山云雾多沿秀谷上下奔腾，谷中百花之香自然寓于其中。此外，黄山的云海、衡山的云雾、大理点苍山的玉带云和望夫云也各具特色。

2. 烟雨

烟雨即俗语所说的"毛毛雨"，是指从层积云和层云中降落下来的由大量小雨滴或极小雪花组成的降水，其降水量不超过 0.25mm/h。烟雨作为旅游资源开发，贵在与山水、植被、古建筑等其他旅游资源的组合。烟雨中游漓江、杭州九溪十八涧，给人以烟雨迷离、景物朦胧、时隐时现、浓淡适宜的一幅幅富有诗意的山水画。

那些含而不露、时有时无的景象给人留下更多的回味与思索。浙江嘉兴南湖，以湖上轻烟漠漠、细雨霏霏、烟雨朦胧的湖光为特色，游湖中烟雨楼历来为人们所向往。

3. 冰雪

雪是中纬度地区的冬季和高纬度地区常出现的一种特殊的天气降水现象，可以形成壮观的雪景，如高山、森林、冰川等与之配合形成的景观则更诱人。在我国北方严寒的冬季，江湖水面雪花堆砌，终日结冰不化，构成北方银装素裹的洁白世界。特别是各旅游名山在雪的装点下，白雪与苍松翠柏相应构成一个壮丽、晶莹、洁白、格外迷人的世界。如西安的"终南积雪"，燕京"西山晴雪"，嵩山的"少室晴雪"，九华山的"平冈积雪"，西湖的"断桥残雪"，太湖洞庭山的"厘峰积雪"等都是著名的雪景。

冰雪除作为观赏对象外，近年来兴起的滑雪运动为冰雪旅游提供了广阔的天地。哈尔滨被称为"冰城"，每年冬季这里要举行为期两个多月的冰灯和冰雕活动，由能工巧匠精心制作的各种冰灯、冰雕玲珑剔透，把冰城打扮成一个冰晶世界。每年都吸引着数以万计的国内外旅游者前往冰城，一睹为快。

4. 雾凇

雾凇是一种白色的固体凝结物，呈针状或粒状的疏松微小的冰晶或冰粒。它是在低温雾天里细小的雾滴（即水滴）在树枝、电线等物体上所形成的。多形成在地面物体迎风面上。根据雾凇的形状和结构，可分成晶状雾凇和粒状雾凇两类。著名的吉林"树挂"，属于晶状雾凇一类。松花江水，流经吉林、哈尔滨等地，它从"松花湖"（丰满水电站大坝拦截松花江上游所成）流出，水温高于地面物体温度，蒸发的水汽在严寒条件下附着在树枝上直接凝结。沿江两岸的树枝，仿佛银柳闪烁、满树梨花，成为松花江沿岸冬季的奇景。此外，峨眉山、五台山等地，也有雾凇出现。

5. 蜃景

即海市蜃楼奇景。由于气温在垂直方向上的剧烈变化，使空气密度的垂直分布产生显著变化，从而引起光线的折射和全反射现象，导致远处的地面景物出现在人们的眼前的一种奇异景观，一般在海湾、沙漠可以看到。"海市"意为海上神仙的居所,"蜃"即蛟龙之属,能吐气为楼,故曰"海市蜃楼"。山东蓬莱仙阁是有名的观赏海市蜃楼之地。

6. 佛光

佛光又称为宝光,是某些山岳中一种特有的自然现象。佛光形成的条件要天气晴朗无风,云层顶平坦荡,太阳光斜射约45°,且太阳、人、云处在同一斜面上。此时,人体会被七色光环绕而构成佛光奇观。我国庐山、峨眉山、泰山、黄山、华山都有佛光景的出现。其中峨眉山佛光久负盛名,也是峨眉山十景之一,每当浓雾弥漫,日光灿烂的早上或傍晚,站在卧云旁的舍身岩前,在与太阳位置相反的云雾幕上,会出现自己的身影,外面绕以巨大的彩色光环,这就是"金顶佛光",即"佛光""祥光"。"光环随人动,人影在环中"的景色之美,令人赞叹不绝。佛光实际上是太阳光通过空气中悬浮的无数水滴发生衍射的结果。由于各山岳的具体环境条件不同,佛光出现的次数及美丽程度也不同。四川峨眉山云雾天数较多,湿度大,而且风速最小,云雾少变,所以佛光也最美妙精彩,出现的次数也最多。

(二) 气候旅游资源

所谓气候旅游资源是指具有能够满足人们正常的生理需求和特殊的心理需求功能的气候条件。满足人们正常生理需求的气候条件是指,人们无须借助任何消寒、避暑的装备和设施,就能保证一切生理过程正常进行的气候条件,即人们俗称的"宜人气候"。是否具备"宜人气候"条件及其条件持续时间的长短,是非特殊功能的旅游地开发的先决条件,也是旅游季节长短的决定条件。因此,气候旅游资源不仅存在于以优越的气候条件为主要吸引力的消寒避暑胜地,也是任何一个旅游环境必不可少的重要构成因素,故称其为背景旅游资源。气候旅游资源的分布既具有地带性、特定性特点,又具有普遍性特征。这是其不同于其他旅游资源的特殊性。

气候旅游资源的类型有以下几种:

1. 阳光型气候旅游资源

阳光是重要的自然环境要素之一,是人类生存的基本条件,同时也是重要的气候旅游资源。地中海沿岸各国利用地中海周边地区日照时间长、阳光和煦的特点，大建海滨浴场旅游区，成为世界上著名的旅游胜地。

2. 避暑型气候旅游资源

世界上的避暑旅游区有三种类型：①充分利用气候的垂直变化规律而形成的避暑旅游区。如我国著名避暑胜地庐山比九江市高出1500m，平均气温比九江市区低5.6℃。菲律宾碧瑶，海拔1600m，气温比首都马尼拉低6.7℃。②海滨型避暑旅游区。由于受海洋的影响，海滨夏季气温比内陆地区低，以温和湿润为其特点。如我国青岛、大连、北戴河等旅游城市是重要的海滨避暑旅游城市。③高纬度型避暑旅游区。它利用气温的纬度变化规律，气温随纬度的增大而降低。如挪威哈默菲特位于北纬74°左右，面向巴伦支海，夏季气候宜人，是欧洲的避暑胜地之一。

3. 避寒型气候旅游资源

全球性避寒旅游区均选在亚热带、热带的海洋型气候区，如我国的海南省、马来西亚的沙捞越等。也可以利用南北半球的季节差异进行旅游，在北半球的冬天到澳大利亚、新西兰等地进行避寒旅游。

(三) 天象旅游资源

1. 日出日落

观赏日出日落是人们观赏大自然的一个重要部分，许多游人到庐山、泰山、黄山、华山、峨眉山、九华山、崂山以及海滨游览，观旭日东升的磅礴景色，观夕阳西下的万道彩霞，无不陶醉迷离。"旭日东升"是泰山四大奇观之一，每当凌晨，在日观峰举目东望，天际开始出现鱼肚白光，不一会呈现出一条水平红线，渐渐扩张，忽红、忽黄、忽赭，绚烂多彩。随后在红云之下忽现弓形旭日，随之呈半圆形迅速升起，一轮红日跃出海面。这时，天际的云霞或金橙或橘红，光芒四射，再看近处的薄薄云雾，或动或静，环绕在峰峦之间，变化莫测，美妙无穷。

不仅旭日东升有着无穷魅力，夕阳西下也有难以道尽的妙处。例如，济南的"江波晚照"，西湖的"雷峰夕照"，台湾的"平安夕照"，关中八景之一的"骊山晚照"等都美不胜收。

2. 月色

在我国浩如烟海的诗词歌赋中，对月亮的描写不胜枚举，无论是仲秋的圆月，还是弯弯残月，文人雅士都赋予它生命，表达一种意境，抒发一种情愫。中国的园林艺术同中国的文学艺术、绘画艺术是一脉相承的，作为文学艺术素材之一的月亮，同样也被充分地运用到造园中去。西湖十景中的"平湖秋月""三潭印月"，燕京八景中的"卢沟晓月"，避暑山庄的"梨花伴月"，无锡的"二泉映月"，都以月亮为主题，除让人欣赏月色迷人的自然美外，还反映着造园者寄情于山水日月的情感。

3. 极昼和极夜

地球按照背向太阳的不同，分为两个半球。向太阳的半球，接受太阳光辉，称昼半球；背太阳的半球，被地球本身的阴影所笼罩，称夜半球。如果地球既不自转又不公转，地球上的昼夜半球，永不变化。由于地球既有公转又有自转，所以昼夜两半球在不断地相互交替。同一日期的昼夜长短，因地理纬度而不同。在南北极圈以内的地区，会出现连续24小时的白昼和黑夜，它们分别被称为极昼和极夜。在南北两极，极昼和极夜各约半年；在南北纬80°，极昼和极夜各有三个多月；在南北纬70°，极昼和极夜各约两个月。这种天象景观，已成为高纬度地区一些国家或城市争相开发利用的旅游资源。

4. 日食、月食、彗星观测

地球是宇宙大家庭的一员，因此地球以外的各种天体的变化对人类生活的地球环境有着直接的影响。由于人们渴望了解天象，对天象观测有浓厚的兴趣，因而日食、月食、彗星观测成为一种旅游资源。如英国伦敦附近的格林尼治天文台是世界级旅游胜地，而我国古老的北京天象台、登封观景台和现代南京紫金山天文台等，同样吸引着大量的国内外天文爱好者和旅游者。1996年黑龙江漠河天文奇观吸引了许多人前来观看。

5. 陨石

陨石是宇宙空间小块星际物质穿过大气层后降落到地面上，尚未被烧尽的残留体。在人类登上月球带回月岩之前，它是唯一的地球之外的天体样品，故被称为"天外来客"。地球上陨石的发现率约每年4~5次。当陨石穿过大气层冲向地球时，其速度可达2~5km/s，甚至超过10km/s，因而具有巨大的动能。陨石冲击地面时，足以形成巨大的凹坑。目前世界上已建有数十座陨石博物馆，加上各地陨石坑的开发，陨石已成为重要旅游资源。

三、气候变化对旅游资源的开发和利用的影响

全球变暖对很多产业产生较大的影响，旅游产业也不例外。气候变化直接改变了旅游者的旅行方式，气候是影响旅游者选择目的地的重要因素，相对世界上其他国家与地区旅游者而言，好的天气是英国旅游者出游的最基本条件。14个英国区域旅游委员会调查问卷结果显示，户外运动旅游已成为一个上升的市场，因此，气候变化对旅游业的影响将更大。

气候变化对自然旅游目的地或户外旅游会产生直接或间接的影响，气候变化会影响旅游基础设施的建设、增加对旅游的投资成本、改变旅游收益的地区分布。在自然旅游资源的影响方面，气候变化特别是气温暖化将使陆地冰川覆盖面积减少直至消失；气温升高还会对各地物种资源、生物多样性、海洋与陆地生态系统的生产量以及农业产生负面影响，并影响自然旅游活动的可持续发展。

（一）极端天气气候变化与气温升高对旅游业的影响

气候变化不仅影响平均温度而且还导致极端天气气候现象的发生，全球出现极端低温的可能性在减少，而出现极端高温的天气将成为常态。

极端天气气候灾害特别是高温热浪对旅游业的影响，主要包括：森林大火以及热浪对露营旅游者健康等构成威胁；目的地居民特别是城市居民为了躲避高温的影响而到乡村、海滨、湖滨避暑，增加了旅游度假区的拥挤程度；热浪容易引起基础设施出现故障；温度升高延长了干旱持续的时间，减少了游客到旅游度假地的旅行。

气候暖化预期几乎影响旅游活动的所有方面，除少数旅游活动外，全球气候变暖对大部分旅游活动会产生负面的影响。滑雪是一个气候依赖性活动，气候变暖对全球冬季滑雪产业影响最大。未来的气候变化主要从三个方面影响户外旅游，即夏季时间增加和冬季时间缩短影响旅游出行，影响旅游

活动的舒适与享受程度以及影响旅游者体验的质量。气候变化对冬季滑雪的影响：一是自然降雪减少；二是平均温度高融雪量大；三是较高的温度减少降雪的持续覆盖时间与利用的机会；四是降水和水力情况将影响人工造雪的水供应。

珊瑚礁被认为是有助于减少温室气体排放的标志性"旗舰"生态系统，但是近几十年来由于气候变化导致海水温度上升，今后数十年珊瑚礁大规模地遭受漂白将成为常态。温室气体排放和气候变化对海岸带旅游产生的影响主要包括海水温度的上升和海平面的变化对礁石和渔业的影响、海岸带基础设施受热带风暴和海平面上升的影响以及气象气候条件对海上旅游交通的影响。

气候变化对旅游业也有正面的影响，如对露营、野生动物观赏、狩猎、划船、垂钓、高尔夫运动等都是有利的。

（二）海平面上升对旅游业的影响

海平面上升会产生暴风骤雨及洪水灾害造成土地淹没以及海岸的侵蚀，从而影响包括旅游业在内的海岸地区国家经济与社会的发展。

四、天象与气候类旅游资源开发

（一）天象与气候类旅游资源的鉴赏价值

天象与气候景观类旅游资源虽多为非实体的景象，但其可见的形象具有足够强的吸引力，可自成一景或可增加风景的观赏价值，其鉴赏价值体现在以下四个方面。

1. 形象美

天象与气候景观变化万千，其形态多种多样，体现了造化的神奇。云海、雾霭、碧海之上的日出破晓，体现了一种雄大之美；夜色之中的月色，沉寂之中的一抹流星，又体现了一种阴柔之美。

天象与气候景观的色彩主要由烟岚、云霞和阳光构成。当太阳穿过大气层的时候，在不同的时间和地点，光线受到大气中的水汽及尘埃物质的散射、反射、漫射等作用的影响，加之大气的过滤，天空中就会出现色彩缤纷的朝霞、晚霞、彩云、雾霭，使天空呈现出多种色彩。

2. 奇特美

天象与气候景观常常以奇特的形式与色彩出现。例如，松花江畔的雾凇，受水汽状况与树冠、枝条形态的影响，千姿百态，奇丽而壮观。同时，一些天象与气候景观可见率较低，或只出现于特定地区，如极光仅仅在极地地区才能见到，观赏日出景观也需要特定的观景点；或出现频率非常低，如海市蜃楼、佛光等，都是瞬间出现，这些胜景也因此越显稀有和罕见，观赏这些景观成为可遇而不可求的事情。正因如此，其神秘感、奇特性和吸引力大大增强。此外，这些现象往往会给观赏者以特殊的体验与感受，能满足人的特殊心理需求。

3. 动态美

天象与气候景观表现出明显的动态变化属性，这种变化性是其吸引力构成的重要方面。风、云、雾、雨等现象往往飘忽不定、变幻莫测，丰富了山水风景的情态和神采。例如，日月升降，阴晴圆缺，光影、色彩、形态始终处在不停地变化之中。日月升降，周而复始，使人感受到了生命的轮回，岁月的沧桑。

动态美还表现在节律性上。"一场秋雨一场寒"，气候更替迅速，昨日还烈日当头，一夜秋雨之后，就可能凉风瑟瑟，落叶遍地。这种天气变化，常常影响景观的色彩、风采和明快度，给人一种动态美和变幻美。天气的寒来暑往，春秋交替，让人感受到大自然永不停歇的动态与活力。受冷暖变化的影响，水面"春水绿而潋滟，夏津涨而弥漫，秋潦尽而澄清，寒泉涸而凝泄"，形成四时律动节奏。例如，西湖春天桃花吐艳，春风拂面；夏天满湖荷花，生机盎然；秋天满山红叶，云淡风轻；冬日十里梅香，银装素裹。

4. 康乐美

一些地区的气候条件在气温、湿度、日照、风速等方面量度适中，配合较好，有利于人的身体保健和户外活动，称为康乐型气候。在许多沿海地带，如连云港、青岛、秦皇岛等海滨地区有迷人的自然环境和良好的生态环境，夏天景色优美，空气清新。安谧宁静，没有拥挤没有嘈杂没有喧闹。蔚蓝色的大海，金色的沙滩，空气中富含负离子，海滨海水盐度高、水质清洁，水温适中、砂质好，这种康乐型气候吸引了大量的观光和疗养型游客，是理想的海滨浴场、避暑胜地和疗养胜地。

（二）天象与气候类旅游资源的旅游功能

1. 观赏与体验功能

独特的天象与气候景观类旅游资源对游客有着巨大的吸引力。例如，云海是山岳风景区的重要景观，而黄山云海更为千山之最，是黄山最神奇多彩、引人入胜的景观。无论是白云滚滚、银浪滔滔的黄山云海，飘忽不定、变幻无穷的黄山云雾，美妙绝伦的黄山日出、日落，光华绚丽、色泽斑斓的霞海，鲜为人见的黄山佛光，还是冬日里"玉菊怒放""梨花盛开"的雾凇奇观，雪后初晴的黄山银白色世界，都会使游人惊叹不已，流连忘返。

由于温度、湿度、风速、日照等会给人带来直接的身体体验和感觉，因此，天象与气候景观类旅游资源具有体验功能。坐在海边的礁石上，感受海风轻轻拂面，嗅着有淡淡咸味的空气，看远处落日余晖、归帆点点，听身边浪涛拍岸、海鸥啼鸣；西湖泛舟，温暖的阳光、洁净的湖水、湿润的湖风、清新的空气、啁啾的鸟鸣，大自然的美好风光令人陶醉。这种"亲身体验"会给游客留下深刻的印象，让游客尽情享受大自然赐予的美好风光。

2. 休闲度假功能

各种气候要素对人体的生理影响是综合性的，不同气候要素状况的组合对人体产生不同的生理影响。气候对所有户外旅游活动都有影响，对于观赏性旅游活动，主要是影响游客的体感舒适程度，而对运动性的旅游活动则主要直接影响游客的活动质量。

人们对气候的感觉，最敏感的是气温、湿度和风的状况，所以一般多以气温、湿度和风的配合状况来表示一个地区的气候舒适度。由于下垫面（地面、植被、水体等）结构、性质及周围环境的不同，引起近地面层的热量与水分状况的差异，这种差异使一些区域的气候条件相对优越，有利于开展避暑消寒等度假活动。例如，地中海沿岸，加勒比海沿岸，夏威夷，阿尔卑斯山地，我国昆明、海南、北戴河等地区大多都有明媚的阳光，清新的空气，或夏季凉快清爽，或冬季温暖湿润，成为著名的度假胜地。

受地表状况影响而出现的一些局部小气候，也为休闲活动提供了条件。例如，湖滨地带受湖泊调节，与远离湖面的区域相比具有温差小，相对湿度较大的特点，加之有优美的水景和亲水环境，成为人们四季乐于前往的休闲场所。山谷、河谷地带，常形成山谷风，夏夜凉风习习，可供人们消暑、纳凉。乡野、农村由于地表植被覆盖率高，水面较多，空气污染少，形成与城市不同的气候条件，这是近年来我国乡村旅游、郊区度假休闲旅游盛行的原因之一。

3. 疗养健身功能

气候条件是疗养活动必需的重要环境条件。一般来说，洁净的空气，适宜的温度、湿度状况，充足的阳光及宜人的景色对人的身体保健和病体康复有积极作用，有利于开展疗养活动。森林覆盖好的山区，湖滨、海滨往往成为主要的疗养场所。滨海区域四季温和，日照充足，空气清新、湿润。滨海风景区海浪拍岸，水被分裂为无数雾珠，使空气中负离子数量增多，负离子具有消毒、杀菌和净化空气的作用。富含负离子的空气进入人体，还具有镇痛、止咳、镇静催眠、降低血压和减轻疲劳的功效。我国北戴河、烟台、青岛、大连等地都是著名的气候疗养胜地。

五、气象气候的生态作用与旅游资源的开发和保护

环境是一种资源。良好的生态环境既是人类回归自然的良好场所，也是吸引旅游投资的重要条件。气象、气候是自然地理环境中的重要组成要素之一，也是旅游环境必不可少的构成因素。环境资源中的光、温、水等气象气候因子本身就塑造了令人难忘的气象景观，如云、雾、雨、冰、雪、雾凇、日出、日落、云霞、佛光、海市蜃楼等，同时气象、气候因子也可以创造惬意舒适的旅游环境。人们一般以适宜的或不适宜的天气、气候条件作为人们旅游或休闲度假的重要环境要素，具体指标主要以气温、湿度、风效、日照时数、天气变率等因子作为气候是否宜人的指标。根据大多数人的感觉，可将气温与相对湿度的不同组合命名为舒适指数，舒适指数可分为11类，即极冷、非常冷、很冷、冷、稍冷、凉、舒适、暖、热、闷热、极热；同时，根据人们裸露皮肤在气温和风速的不同组合作用下感觉冷暖的程度命名为风效指数，风效指数将气温与风速的组合分为12类，即外露皮肤冻伤、极冷风、很冷风、冷风、稍冷风、凉风、舒适风、暖风、不明显风、热风、不舒适热风、非常不舒适热风。很显然舒适指数为舒适而风效指数为舒适风的日期是最佳旅游季节。由此可见，生态环境中的气象气候资源不仅影响着旅游者的出行，还是重要的旅游资源，具有十分重要的开发价值。

气象气候旅游资源仅仅是满足旅游者生理和心理需求的更大范围大气物理系统中的一部分。气象气候旅游资源开发的基础是对天气气候特征的可持续利用，这类资源属可再生的自然资源，即可以"取之不尽，用之不竭"，循环往复最大化利用的资源。但是人类在开发这类可再生资源时，由于经济的外部性也可能对环境产生负面影响，如为了开发利用"避暑胜地"而大兴土木，毁坏林木，其结果可能改变了下垫面性质，使得原来适宜的气象气候旅游资源也可能因此而受到破坏。虽然旅游开发仅对小气候环境产生较大的影响，尚不足以改变大的气候环境，但气象气候旅游资源的开发对环境的影响不是孤立的，而是在全球或区域宏观背景下的综合影响。

除了正常情况下的舒适指数和风效等指数能反映气象气候旅游资源的优劣特点之外，气象与气候环境中一些偏离正常值之外，异常的气温、降雨、恶劣天气气象条件也会影响气象气候旅游资源的开发。中国有辽阔的疆域，各地气象气候条件复杂多变已成为常态，这对气象气候旅游资源的开发来讲无疑是一个限制因素。如长江中下游梅雨季节的降雨量以及降雨变率，夏季的高温与酷暑，皆对这一时期的旅游活动带来很大的影响。西北地区的沙尘暴与严冬季节的大雪，华南地区的台风与西南地区的暴雨及其所产生的泥石流、滑坡等自然灾害，均在不同程度上阻碍了旅游者在此时此地旅行的步伐。所以，在综合利用气象气候旅游环境资源时，趋利避害，因地制宜，适时适地开展旅游活动是遵循自然规律、保护自然与人类的明智之举。

光、温、水等气象气候要素也是重要的环境生态因子，直接或间接地影响着环境中的生物与人类的生存与发展。生态学认为生态因子在影响生物生存的同时，生物体也在改变生态因子的状况。生态环境中的太阳光是地球所有生物生长不可缺少的能量来源，因为有了光，才使得绿色植物通过光合作用将太阳能以化学能的形式输入进生态系统；因为有了这些阳生的、阴生的、湿生的、旱生的不同生境下的植物，从而使得生物世界充满着生机和活力。相对于温度、湿度、降水等环境因子的多变，光照具有较为稳定的节律性和地带性变化规律，对动植物特别是动物中候鸟的迁徙、动物的昼夜节律、昆虫的冬眠以及哺乳动物的生长发育都有影响。认识光及其辐射对动物活动节律的影响机理，对合理地开发生物旅游资源，维持生物的多样性与物种的繁衍，更好地保护野生生物资源具有极其重要的意义。

在旅游风景名胜区或城市等人口集中的区域，当大气中的污染物浓度达到有害程度，就有可能破坏生态系统和人类正常生存和生活的环境。造成大气污染的原因，既有自然因素也有人为因素，随着旅游区人类活动的加剧，在大量消耗能源的同时，也将大量的废气、烟尘物质排入大气，严重影响了原有大气环境的质量。参照大气污染源的分类，旅游环境的大气污染可分为：第一，旅游设施和旅游交通所产生的污染源。第二，旅游活动所产生的污染源。如各种动力运动和娱乐设备所产生的环境污染，旅游者在旅游过程中所造成的点源污染等。第三，旅游地邻近环境或区域生产生活设施所产生的大气污染源对旅游环境的破坏。如工厂或城市所产生的酸雨主要破坏旅游地森林生态环境，改变土壤性质与结构，破坏水生生态系统，腐蚀建筑物和损害人体的呼吸道系统和皮肤；其他污染物如悬浮颗粒物常常附着有害的重金属、酸性氧化物、有机污染物、细菌和病毒等影响旅游环境质量和游客的健康。因此，在风景旅游区或旅游城市，遵循国家一、二类环境空气质量标准显得极其重要。

除了常见的大气污染物之外，对全球生态环境影响最大的是温室气体的排放。温室气体能引起气候变暖，发生大规模的洪水、风暴潮或干旱，增加夏季酷热程度；气候变暖还会促使南北两极的冰川融化，致使海平面上升，其结果是地势较低的岛屿国家和沿海城市受到被淹没的威胁；气候变暖还将使地球上沙漠化面积继续扩大，使全球的水和食品供应趋于紧张。由此可见，气候变化严重威胁着全球的生态安全和旅游的可持续发展。

六、温度与水的生态作用与旅游资源的开发和保护

温度是一种重要的生态因子，自然界中几乎没有一种生物能完全不受外界环境温度的影响。温度直接作用于有机体的体温进而影响动物新陈代谢过程的强度、生长发育的特点、耐受限度、行为变化、数量及其分布；同时温度间接地影响一地的降雨量与天气气候特征，从而直接地影响旅游活动。温度是多变的，温度与旅游者的旅游活动类型、旅游舒适度及其满意度有密切联系，了解温度对动植物的影响也是更好地开发生物旅游资源一个重要的方面。

水是自然界最活跃的分子，也是旅游资源中最重要的构景要素，在旅游资源的组成要素中水资源是不可缺少的。水是生命的象征，水是促使生态平衡的关键因素，水资源是人类生存的基本要素，同时水资源也给自然界增添了无穷的魅力。

无论水资源处于何种物理性质，如淡水、盐水、热水、固态水，还是呈现何种分布形式，如地表水、地下水、海洋水等，水资源都是重要的旅游资源或旅游环境的重要组成部分，例如，甘肃敦煌鸣沙山与月牙泉的完美组合令人感叹大自然的魅力。水资源是可更新的资源，具有循环性、清洁性、多用性和数量有限性与分布的不均匀性等特点。但水资源也具有利弊两重性，集中在某一时空范围内过多或过少的水量以及污染严重的水体均会影响人类的生产生活与旅游活动的开展。旅游是人类高层次的精神消费活动，良好的生态环境和稳定的社会生活秩序是不可忽视的。以旅游资源开发为目的的水资源评价，既要侧重水质、水量、水的时空分布规律与区域水资源供需平衡等单项内容的评价，同时也要注重水资源的综合利用评价，即将水资源的水力、水利、水运、水源、水保等利用价值与旅游观赏价值结合起来综合评价，以实现地区旅游业与社会经济同步发展的要求。在西班牙马略卡岛水资源保护途经有：加强基础设施建设（如修复水管，引进水源，禁止不合法的开采，减少供水压力），加强水资源保护（开展相应活动，减少水的消费，

增加税收），提高水资源利用效率（如提高工厂、高尔夫球场等水的利用效率），替代水资源（使用降水、海水盐水脱盐等），加强法律和审计。

一个地区降水的多少对植被和土壤有较大的影响，而动物的食物来源和栖息场所又与植被和土壤有着密切的联系。对于陆地生物，获得和保持体内的水分是生命首要的问题；而对于水生生物，水中的含盐量的多少影响渗透压，因此对其生活也同样产生重大的影响。陆地上的水分是最易改变的一个生态因子，它与温度一样是决定陆地生物分布和生态状况的两个重要因素。温度和水分决定着生物种的分布，生物对温度与水环境的适应也影响着其形态、生理和行为。因此，地球上相对暖和与湿润的地区森林草地多，生物种类丰富，寒冷与相对干旱的地区生物的种类较少。森林植被的生长可以有效地降低地表的水分蒸发和地表径流，同时又能通过植物的蒸腾作用增加空气的湿度，为动植物和人类的生存创造有利的自然条件。光、温、水等气象气候要素对生态环境系统的稳定与繁荣有重要的生态支撑作用，这是因为环境中的生态因子是相互影响、综合作用的，一个生态因子的变化，会通过各种生态关系，引起整个生态系统结构和功能发生改变。在人类活动的影响和干扰下，包括自然旅游资源在内的生态环境系统正在向不利于良性循环的方向改变，生物多样性减少，生态系统结构单一、生态功能减退，自然旅游资源的观赏性大为逊色。因此，在处理人地关系的矛盾中，人类必须彻底改变传统的思维与活动方式，清醒地认识到人类自身在自然环境中的角色与地位，使自己更像一个自然平衡的调节者与捍卫者。

旅游地水供需矛盾的区域主要集中在干旱半干旱、海滨、岛屿、山岳和极地地区等。高尔夫球场作为国内外现代休闲旅游地的重要产品之一，需要大量的淡水浇灌；滑雪度假地为延长滑雪时间，采用人工造雪技术，但人工造雪机器需要成千上万升淡水，这些淡水从湖泊支流中提取，毁坏了湖泊生态系统。

第二节　不同自然景观旅游资源开发

一、地文类旅游资源开发

（一）地文景观旅游资源

地球的形成已有46亿年的历史。在漫长的演变进程中，地球的古地理环境和古气候经历了深刻的变化，地表形态也经历了沧海桑田的巨大变化，在地球表面造就了千姿百态的地文景观。地表各种地文景观的形成与演变，直接受岩石与地层、地质构造、地质动力等因素的影响与控制。

依据岩石的形成、结构和构造，可分为岩浆岩、沉积岩和变质岩三大类。由于各种岩石的矿物成分、化学成分、胶结程度、结构构造、产出状态不同，它们抵抗风化和其他外力侵蚀作用的程度也不一样，反映在地表形态特征上，更是差异显著。在地质历史中，地壳受到广泛的力的作用，产生变形或变位，使地面抬升或沉降，产生褶皱、节理或断裂，从而形成大陆、海洋、高山、深谷、高原和盆地等各种地貌形态。与此同时，来自地球外部的能量，如太阳能、风能、生物能等，又通过风化、剥蚀、搬运、沉积和固结成岩等作用，对由内营力作用所形成的各种地表形态进行破坏、改造和精雕细刻，从而形成了丰富多彩和极具旅游价值的地文景观旅游资源。

1. 山地

山地控制着陆地地形的格局，它不仅对人类生活产生非常重要的影响，而且是自然风景的重要组成部分。它决定了风景的骨架、气势和纹理的主要特征，也影响着动植物的生长。山地垂直高度大，地形起伏明显，气候复杂多变，动植物资源丰富，空气清新宜人，故而形成雄、奇、险、秀、幽等美学观赏特征，具有观光游览、避暑消夏、度假疗养、登山探险、科考研修和宗教朝觐等多种旅游价值，是地文景观旅游资源的主体。

山地因海拔高度不同，地质结构和地理位置有别，往往具有不同的造型，形成不同的景观。又因其一般比平原地区开发程度和人为影响相对较低，自然环境保存较好，因此常形成理想的疗养、观光旅游环境。

山地的类型很多：按其表面特征可分为花岗岩山地、丹霞山地、冰山雪峰和其他山地等类型；按其在旅游活动中的功能，又可分为登山探险型、观光游览型、

运动娱乐型、历史文化型和综合型等类型。在山地旅游资源中，名山是具有特别重要意义的类型。所谓名山，是指自然风光秀美奇特的山地、丘陵，它们一般都经过人类长期的宗教、文化等活动的影响，形成丰富的人文景观，自然风光与人文景观共同构成各具特色、名扬四海的山岳名胜旅游资源。

2. 沉积与构造

地表上的风化产物、动植物等有机物质以及某些火山物质，在风、水等外力作用下，由原地搬运到其他地方，由于搬运力的减弱或物理、化学作用而下沉堆积，形成各种沉积类旅游资源，如生物化石、钙华泉华景观等。而由于岩浆活动、外力作用、变质作用、地质营力作用、地应力作用等地质构造活动，形成具有一定观赏性和科学研究价值的岩浆岩、沉积岩、变质岩、典型地层、构造行迹等旅游资源。例如，大连金石滩礁石奇观、自贡恐龙化石遗址、津县中上元古界地质剖面保护区等。

3. 地质地貌过程行迹

地质地貌过程行迹是地表层在地质内营力和外营力作用下形成的反映其变化过程的遗迹现象。由于其形态千变万化、丰富多样，往往具有极高的旅游观赏价值，如岩溶地貌、风沙地貌、黄土景观、丹霞地貌、雅丹地貌等。

（1）岩溶地貌

岩溶地貌又称喀斯特地貌，由碳酸盐类、硫酸盐类及卤盐类可溶性岩石，在一定地质、气候和水文条件下，经地表水和地下水的溶蚀及一系列化学反应而形成。它不仅发生于地表，更主要是在地下，由此岩溶地貌可分为地表地貌和地下地貌两类。岩溶地貌在世界上分布十分广泛，面积占地球总面积的10%，从热带到寒带，由山区到平原、海岛都有它的踪迹。在不同的气候带内，岩溶的发育具有各自不同的特征和形态。一般可分为热带及亚

热带季风型、地中海型、温带型、寒带及高山型、干燥型五大类，其中许多岩溶地貌因具有很强的观赏性而形成岩溶景观，成为旅游胜地。岩溶景观的主要形态类型有峰林、峰丛、孤峰、石林、天生桥、溶洞、石笋、石钟乳等。

（2）风沙地貌

风沙地貌是塑造地表景观的动力作用之一，特别在干旱气候区，风的作用尤为显著。风沙地貌，包括风积地貌和风蚀地貌，形成机理特殊、造型独特的地貌，主要分布于地球南、北回归线两侧的热带和亚热带地区以及温带大陆内部。其形成原因，前者是由于常年受副热带高压的控制，气流下沉、降水稀少、气候干燥，如撒哈拉大沙漠、索诺拉沙漠等；后者则主要是由于地处大陆腹地、距海遥远、湿润的海洋气团无法到达、气候干旱所形成，如塔克拉玛干沙漠和柴达木盆地荒漠、卡拉库姆沙漠等。

另外，受冷性洋流系统的影响，世界各大陆低纬度西海岸位置往往形成沿海分布的狭长荒漠地带，如北非西海岸的西撒哈拉荒漠（加那利寒流）、南美西海岸的阿塔卡马沙漠（秘鲁寒流）等。

（3）黄土景观

黄土高原是中华民族的摇篮和农耕社会的发祥地之一，由第四纪黄土母质沉积形成，黄土颗粒细、土质松软、土层深厚，因暴雨侵蚀、河流切割而形成沟壑交错的地形，被誉为中华民族母亲河的黄河亦奔腾于黄土地的沟壑之中，代表性景观如陕西岐山县五丈原，在黄土高原、盆地和谷地内形成的塬、梁、峁。一些松散沉积物分布地区形成的突起的残留体侧坡常保持陡直的土林等。

（4）丹霞地貌

丹霞地貌为易受风化的红色沙砾岩在风化剥落、流水侵蚀、重力崩塌等营力作用下，发育而成的方山、奇峰、赤壁、岩洞等丹岩赤壁地貌。此种地貌最早在广东仁化县丹霞山发现，故名丹霞地貌。福建武夷山，河北承德磬锤峰、僧帽山及湖南武陵源的大部分景区亦属于此种地貌，面积达 $240km^2$ 的云南丽江黎明丹霞地貌分布区则是中国最大的丹霞地貌景区。由于沙砾岩结晶大，易风化，但若局部成分有变化、抗风力较强时，即容易形成中尺度的造型。武夷山玉女峰、大王峰、鹰嘴岩、承德磬锤峰、蛤蟆石、双塔山、广东坪石金鸡岭，武陵源金鞭溪等，皆是驰名的丹霞地貌造型。上述景点的名称，即是它们各自造型的准确写照。在南方地区因雨量多而多溪流，常有"丹山碧水相映"之趣。

(5) 雅丹地貌

雅丹地貌源于维吾尔语，意为"有陡峭的小丘"。因强大的风力侵蚀和搬运作用而形成，常呈现风蚀垄脊、土墩、风蚀沟槽、洼地等形态。此种地貌大多出现在大风、干涸的古湖盆或湖积平原。我国新疆的罗布泊、乌尔禾与将军崖为此种地貌的典型代表。每当大风时，卷起漫天沙尘，日月无光，不辨方向，风声如鬼哭狼嚎，全然是一个恐怖世界。大风停息后，风蚀垄脊、土墩、风蚀沟槽、洼地犹如城堡、街巷及其他各种形象。当又一场大风之后，一切都会变了模样。故乌尔禾的雅丹地貌地区被称为"魔鬼城"。

4. 自然变动遗迹

(1) 冰川地貌

主要由冰川发生侵蚀和堆积作用形成的地貌，包括冰斗、角峰、刃脊、冰川槽谷、峡湾、羊背石等冰蚀地貌，冰碛丘陵、终碛堤、鼓丘和冰碛扇等冰碛堆积地貌。此外，冰体融化后所形成的冰桌、冰桥、冰兽、冰蘑菇等也有较大观赏价值。中国西部许多高山冰川地貌发育，包括古代冰川和现代冰川所形成的冰川地貌。冰川地貌主要为科学考察对象，个别地点被开发为旅游区，如四川贡嘎山的海螺沟冰川、新疆阿尔泰山的喀纳斯冰川湖、云南玉龙雪山冰川等。海螺沟冰川景观奇特壮观，其大瀑布落差高达1080m，仅次于加拿大国家公园的冰瀑布（1100m）。冰川前锋冰舌深入原始森林中6km，最低海拔点2850m，是世界上同纬度海拔最低的冰川。在观赏冰川奇观的同时，游人还可洗浴露天温泉，使海螺沟成为独具魅力的旅游胜地。我国东部的一些中高山地也有冰川发育的历史，保留着大量古冰川活动遗迹，如庐山的冰川湖、冰川漂砾、冰川U形谷、冰斗等，甚至在北京香山公园内亦发现有冰川漂砾。

（2）地震遗迹

地震是因地壳释放出积聚已久的强大能量而产生大地强烈震动的自然现象，往往对地表产生巨大的破坏作用。历史上的大地震造成城市毁灭、村镇陷落，留下了许多遗迹，其中一些遗迹已被开发成为旅游地。

5. 岛礁

岛礁包括岛屿和岩礁，主要是由地壳运动内营力和海水、河流、风雨等外营力侵蚀陆地再堆积形成的地貌，形态复杂多样，尤以海岛和岩礁最为典型和多见，其景观如海蚀崖、海蚀台、海蚀洞穴、海蚀拱桥和海蚀柱、海湾沙滩等皆是极好的旅游观光资源。加上宜人的海岛气候、森林景观等，使一些海岛成为旅游观光和休闲度假的胜地。还有部分岛礁由海洋生物遗骸堆积形成，如珊瑚虫遗骸堆积形成的珊瑚岛、珊瑚礁地貌，亦是风光秀美、千姿百态的旅游地。代表性景观如福建省福州与莆田循州岛之间素有"千礁百屿"之称的平潭岛、位于澳大利亚东北海岸的大堡礁、马来半岛西岸附近安达曼海中的普吉岛等。

（二）地文景观对旅游活动的影响

地表形态复杂多样、千差万别，直接为人类提供丰富的地文景观类旅游资源，而且作为自然环境的重要组成部分，影响到其他自然景观的形成，并且对某些人文景观的形成也有一定影响。地文景观作为地理空间的物质基础，对旅游活动的开展影响巨大。

1. 地文景观是自然旅游资源形成的基础和前提

除气象气候等自然旅游资源之外，绝大多数自然旅游资源的形成均有赖于地文景观。例如，构造节理强烈发育的花岗岩及其地貌造就了黄山的怪石和温泉；地壳变动的断块隆起形成了雄伟、奇险的泰山、华山、庐山等山岳景观。

2. 地文景观直接提供了种类繁多的旅游资源

地文景观吸引了众多游客，为旅游业提供了种类繁多的旅游资源。例如，"天下第一奇观"路南石林、千沟万壑的黄土地貌等。地文景观不仅是风景的基础和骨架，而且在一定程度上也起到了主景的作用。

3. 地文景观影响与制约人文旅游资源的发生发展及其地域分布规律

人文旅游资源虽然是古今人类活动产生的事象，但其形成和分布，不仅受历史、民族和意识形态等因素的制约，而且受自然环境的深刻影响。因为一切人文旅游资源都植根于地表，莫不与其地理位置、交通条件、赋存地域特征有关。例如，古人类遗址（岩洞）的选址往往近水、干燥、洞口背寒风；古建筑中高台、楼阁、宫殿、庙宇等的选址，均考虑到地质、地貌、地下水等问题。

4. 地文景观控制与促进自然景观的演化

在地质营力作用下，自然界无时无刻不在发生变化。"摇摆石""一线天"等自然景观，都是岩石风化过程中一定时期内的产物，随着时间推移、风化作用加深，这种自然景观会随之毁坏与消失。例如，位于黄河入海口的山东东营市垦利区，黄河水流所搬运的泥沙夜以继日地堆积，滩涂面积不断扩大，滩涂上芦苇丛生、候鸟集聚，已初步开发成颇具吸引力的旅游地。

5. 地文景观能增加美感，强化意境

自然景观构成中，地文景观作为风景的骨架和载体而存在，一般体量大，视觉敏感性强，不同的文景观所形成的旅游空间和景观构图，具有很强的视觉感染力。独特的地文景观往往可形成优良的自然景观，并体现风景的总体特征。在一些景区，地文景观并非主景，但由于有其合理搭配，起到了很好的烘托作用，从而强化了主景的美学特征，使林更秀、水更美、园林更自然和谐，如杭州西湖风景区。

（三）地文景观类旅游资源开发

1. 地文景观类旅游资源的审美功能

地文景观类旅游资源无论是在自然生态景观上，还是在科技文化含量上，都具有一般旅游资源无可比拟的优势，地文景观的内涵是丰富多样的，对地文景观的鉴赏也是多方面的，就其鉴赏价值而言，主要表现在美学价值、科普教育价值、探险健身价值、文化价值等方面。

（1）观赏价值

地文景观以雄、奇、险、幽、旷等形态美和多样的色彩美展示出其特有的美感，成为旅游中重要的观赏对象。

①形态美

地文景观的形态美是指地质地貌的形态与空间形式的综合美，其中也包含主体在鉴赏过程中产生的生理和心理感受。从古至今，人们对于自然景观的形态美有各种不同的评价，并从中概括出雄、奇、险、幽、旷等形象特征来描述人们对各种各样的地文景观美的感受。

②色彩美

随着季节变换、昼夜交替、阴晴雨雪，自然风物相映生辉，呈现出丰富奇幻的色彩。地文景观的色彩，既可由岩体本身颜色所形成，还可通过植被、气象条件等其他因素的渲染而显现。

（2）文化价值

地文景观还具有深厚的历史文化内涵，这为其深度开发提供了条件。我国古代文人墨客多有寄情自然，借助书画抒发情怀、志向的传统，因此，凡名山大川，多留有古人诗词题赋。许多千古名句和壮美诗篇，为自然景观增添了神韵和意境。例如，李白描绘华山险峻雄旷景象的有名诗句"西岳峥嵘何壮哉，黄河如丝天际来"等，为自然景观注入灵魂，强化了景区的文化氛围，让自然风景之美更加深沉、持久而熠熠闪光。此外，我国的山川名胜往往与宗教文化密切相关，这使一些山地成为宗教文化的聚集地。例如，泰山作为自古以来自然崇拜、祭祀的场所，在古代中国山岳文化中占有独特的地位。

2. 地文景观类旅游资源的旅游功能

（1）观光游览的理想基地

地文景观形态各异、类型多样，具有自身价值的独特性和美学观赏性，以雄、奇、险、幽、旷等形态美和多样的色彩美展示其特有的美感，成为旅游中重要的鉴赏对象。在不同季节，会给人不同的感受，春见山容、秋见山情、夏见山气、冬见山骨。可见，地文景观是大自然艺术构图的一角，是观光游览的理想基地，可以开展观光游览活动，使大众获得多种形态美感受。地文景观类旅游资源开发，观光旅游强调原生性、自然美，要保持地文景观的原貌，尽量避免人为修饰和改动，同时注意对资源及环境的保护。

（2）科普教育的天然场所

地文景观类旅游资源具有十分突出的科学意义，是普及地学知识最典型、最直观的资讯库，具有重要的科学教育功能。除此之外，可以开展各种各样的地学专业旅游，如科学考察、地学教育实习、科普教育、地学博物展览。

地文景观记录着地球的历史，单纯的游览很难让游客看到蕴含在景观中的科学哲理，多方位展示是科普教育取得良好效果的途径，可以设置模拟演示系统，真实展现地文景观的形成过程；可以设置导游显示屏，先期实现"景区漫游"；可以使用卫星遥感影像建立地文景观类资源的三维视图，使游客深刻体会地文景观的发展过程，再现地质历史时期的生态环境条件。

（3）探险和健身的绝佳去处

地文景观类旅游资源在开展探险、健身活动方面，具有其他自然旅游资源不可比拟的优势，这使更多的游客有参与的空间和机会，便于游客自由活动。主要利用地表的地势起伏，配以其他必要的自然要素，游客通过登山、滑雪、攀岩、蹦极、溜索等活动达到健身的目的。险峻的高山、深切的峡谷、神秘幽深的地下溶洞、茫茫无涯的沙漠戈壁，都是开展探险的理想场所。此类项目的开展要注意线路的选择、设计，同时要尽可能消除各种危险因素，最大限度地保障游客的人身安全。

（4）开展疗养和度假旅游的胜地

许多山区景观奇特、优美，且大多树木茂盛、空气清新，是休养、避暑、消夏的胜地，可建成疗养院或度假区。例如，江西庐山耸峙于长江中下游平原与鄱阳湖畔，江湖水气郁结，云海弥漫，年平均雾日190天，因有地形屏障，亚热带、南亚热带植物在此驯化生长良好，7月平均气温21.9℃，盛夏如春的凉爽气候为中外游客所向往，是国内久负盛名的风景名胜区和避暑游览胜地。

（5）体味人文之美的美妙家园

地文景观具有深厚的历史文化内涵，通过开发利用地文景观类旅游资源，不仅可以提升旅游产品的科技和文化含量，丰富旅游业发展的内涵，还可以通过旅游活动宣传普及历史文化知识，满足游客的教育需求。

二、水域类旅游资源开发

（一）水域风光旅游资源

水域是自然界中分布最广、最活泼的区域之一，包括河段、湖泊与池沼、瀑布、泉点、河口与海面、冰雪地等6种亚类。它不仅为人类提供了灌溉、蓄水、舟楫、发电和养殖之利，还能调节气候、构景添色，供人游览、诱人娱乐，因而是具有极大旅游价值的自然景观旅游资源。

1. 河段

河段指河流段落，包括河源段、上游段、中游段、下游段及河口五个区段。河流是陆地表面沿线形凹地运动的经常性或周期性的水流。规模较大者称江或河，较小者称溪或涧。不同的河段由于流经不同的地理环境和地貌部位，常形成许多风貌各异的景观走廊，从而对游人具有不同的吸引功能。一般而言，河源段往往为冰川雪山或湖泊沼泽，或溪涧泉水，水流清缓，人迹罕至，具有原始神秘的景观特质。在这里，河流在一定的地质构造配合下常形成峡谷，两侧山石壁立，异常幽深，人在深谷底部可见蓝天一线。上中游河段，多为江河最迷人的风光带。这里河床狭窄，落差巨大，水流湍急。常形成以雄险为主的景观特征。下游河段，地势低平，河床宽展，河网密布，水流平缓，大河两岸往往经济文化发达、人文景观丰富。而在河口段，由于河海相交，波澜壮阔，其景致别有一番美感。

河段是一种具有多种功能的地理实体，大多山水相映、景观和谐、动态美感强烈，是最易激发游人游兴的风景走廊，并可开展涉水、漂流、划船、游泳、乘游船观光等水上旅游项目。

世界上河流众多，受地形、气候和植被的影响，形成了各具特色的水文特征，由此又导致各条河流旅游价值的差异。其中，大江巨流以其气势磅礴、浩荡，令人心胸开阔、激情奔放，但也不乏风光秀丽的风景河段，如我国的长江、雅鲁藏布江、欧洲的多瑙河。中尺度的河流景观以其流经某个风景区而成为景区的重要构景要素，使人赏心悦目，如漓江、富春江。小尺度的河流景观不仅是构景必不可少的要素，而且可为风景区增添无限生机，激发游人的情趣和游兴，如九曲溪、金鞭溪。

2. 湖泊与池沼

湖泊与池沼是陆地表面天然洼地中蓄积的水体，是陆地水的重要形式。地球上的湖泊、池沼形形色色，绚丽多姿。有的身居高山，山峰环抱；有的静卧原野，烟波浩渺；有的镶嵌于高原草地、丛林深处，辽阔壮美。它们像一颗颗光彩夺目的宝石，镶嵌在世界各地，给大自然增添了无限的风采。所以，人们常用"湖光山色""明镜""明珠""梦幻""神秘"来形容它。水库为人们兴修水利形成的人工湖泊，其景观与天然湖泊大同小异，因而习惯上把湖泊、水库归为一类旅游资源。

（1）湖泊

湖泊的形成原因多种多样，按照形成原因的不同，大体可分为构造湖、火山湖、冰川湖、风蚀湖、岩溶湖、河迹湖、渴湖、人工湖八种类型。

①构造湖

构造湖的形成与地壳运动有关，是地壳断裂、沉陷所形成的构造盆地和谷地经积水而形成的湖泊。它又包括不同类型，分布最广泛的是在构造断裂带低陷地区积水而成的断层陷落湖。这种湖的特点是湖岸平直，湖形狭长，湖水较深，常常断续延伸分布，且一般处于山地中，幽深清净，山水和谐，自然环境优美。世界上的大湖大多是构造湖，如我国的青海湖、洞庭湖，俄罗斯的贝加尔湖等。

②火山湖

也属于构造湖，有火口湖和火山堰塞湖两类。火口湖是当火山喷发停止，火山通道被阻塞，火山口成为封闭的洼地后积水成湖的。其特点是处于山地峰顶，水源补给以雪水、雨水、泉水为主，湖泊外形近似圆形或马蹄形，深度较大，水质清冽，视野开阔，环境优美，如我国的长白山天池、云南腾冲大龙潭等。火山堰塞湖系火山喷发的熔岩流拦截河谷所形成，如我国东北的镜泊湖、五大连池和内蒙古的达里诺尔湖等。其深度一般不大，但因处于近代火山区,有火山熔岩景观相衬托,就显得独树一帜。

③冰川湖

在高山、高原或高纬度地区,由于古代和现代冰川活动,加上低温多湿的气候条件,冰水易于积聚在冰蚀凹状地带、构造陷落带、冰碛物围栏和冰蚀洼地等处,形成多种冰川湖泊。如北欧的许多湖泊、我国新疆阿尔泰山区的喀纳斯湖(冰蚀湖),新疆博格达峰北坡的天池(冰碛湖)等,它们均与远方的冰山相映成画。

④风蚀湖

在干旱半干旱地区,由于强风侵蚀形成的洼地积水成湖,称为风蚀湖。这类湖泊大小不一,湖水较浅,矿化度高,往往成为咸水湖或盐湖,且多时令河及小型湖泊,分布以沙漠地区为主。湖水可由河流注入,也可由地下水补给,如我国敦煌的月牙泉湖、内蒙古的嘎顺诺尔湖等。

⑤岩溶湖

也称溶蚀湖,是在湿热的石灰岩地区,由地下水或地表水对可溶性岩石进行溶蚀形成的湖泊。这类湖泊无一定排列方向,水浅,面积小,形状多呈圆形或椭圆形,并与奇特的岩溶地貌相映衬,具有较高的观赏性。此类湖泊在我国西南地区分布较多,其特点是既有地上湖,又有地下湖,地上湖的湖水往往通过漏斗通入地下,所以干季和湿季水量变化较大,如云南石林的剑池、贵州威宁的草海和织金县的八步岩溶湖等。

⑥河迹湖

河迹湖的形成与河流演变有密切关系,或由河流泥沙在泛滥平原上堆积不均匀、形成天然堤之间的洼地积水而成,如江汉平原湖群的河流淀湖泊多属此类;或因支流水系受阻,泥沙在河口淤塞使河水不能排入干流而堰塞成湖,如四川茂县西北岷江上游支流松坪沟流域的十余个湖泊。有的河迹湖则因河流横向摆动,在被废弃的古河道上积水成湖泊(牛轭湖),如长江的黄石、九江安庆—大通段沿江两岸的湖泊,东北地区的嫩江、海拉尔河、乌尔逊河等沿岸星罗棋布的咸泡子,大多属于此类。

⑦潟湖

即沿海地区海湾被沙嘴、沙坝及滨海堤等封闭而形成的湖泊，又称海成湖。此类湖泊高潮时，海水相通成为咸水湖，但与外海完全隔绝时，则又变成淡水湖。潟湖多分布在沿海三角洲冲积平原上，因湖区地势低平，形成水乡泽国风光。

⑧人工湖

人工湖又称水库，是指具有拦蓄洪水和调节径流等特定功能取向的蓄水区域。由于中华人民共和国成立后，坚持不懈地大规模兴修水利，我国成为世界上人工湖最多的国家，其中不乏旅游价值和知名度皆高者，如长江三峡水库、浙江千岛湖、甘肃刘家峡水库等。

对绝大多数风景区来说，湖泊水库皆是不可缺少的观光游憩水域。因为秀丽的湖光可以为山色增辉，从而形成山清水秀、交相辉映的整体效果，使得自然风光更加绚丽多姿，充满诗情画意，如我国的天山天池与博格达峰、瑞士的日内瓦湖与勃朗峰等。

由于人类的生产生活与湖泊联系紧密，加之湖泊水库多分布于盆地中、平原上，其周围常形成经济、文化、交通、人口的密集之地，往往形成人文景观与自然景观珠联璧合地共同组成完美的画面。如被古人赞美为"湖光山色共一楼"的烟波浩渺的洞庭湖与湖畔岳阳楼，被誉为人间天堂的杭州西湖与孤山、苏堤、雷峰塔等人文胜迹。优美的湖光山色和名胜古迹，使湖泊往往成为观光游览、度假休闲、水上游乐的旅游胜地。

（2）沼泽与湿地

沼泽与湿地是由于地势低平、排水不畅而大面积积水，其地表生长有湿生植被，并有泥炭累积的区域。沼泽与湿地不仅是地球上重要的水资源涵养地，发挥着巨大的生态功能，其秀美、壮阔的景观和纵深处鲜为人知的神秘色彩对旅游者也产生着巨大吸引力。如被国际湿地专家称为"世界上面积最大、最原始、最好的高原湿地"——四川西北若尔盖沼泽湿地，被誉为"天鹅之乡"的新疆巴音布鲁克湿地，美国佛罗里达州大沼泽等。

3. 瀑布

瀑布是指水流从悬崖或陡坡上倾泻而下所形成的水体景观，或者说是河流纵断面上突然产生波折而跌落的水流。它是河床不连续的结果。瀑布通常由三个要素构成，即水流、陡坎和水潭。

瀑布的形成原因是多种多样的，因而其形态特征和分类亦多种多样。如按瀑布水流量的洪枯多寡，可将瀑布分为常年性瀑布、季节性瀑布和偶发性瀑布；按瀑布的跌水次数，可分为单级瀑布和多级瀑布；按瀑布产生的环境条件差异，可分为江河干支流上的瀑布、山岳涧溪瀑布、地下飞瀑、崖隙飞瀑；按瀑布的分布特点，可分为孤立型瀑布和群体型瀑布；按瀑布的坡坎造型，可分为陡坡型瀑布、水帘洞型瀑布、中瀑型瀑布和多级型瀑布；按瀑布的流水性质，可分为清凉型瀑布、温泉型瀑布、间歇型瀑布（如贵州黄平县重安江瀑布）、双色型瀑布（如江西三清山川桥双色瀑布）；按瀑布成因则可分为构造型瀑布、岩溶型瀑布、熔岩型瀑布、差别侵蚀型瀑布、堰塞型瀑布、冰川型瀑布六种类型。

（1）构造型瀑布

构造型瀑布指因地球的构造运动使地层抬升、断裂或沉降凹陷所形成的瀑布。如我国的黄河壶口瀑布、庐山三叠泉瀑布和石门涧瀑布、云南石林大叠水瀑布、台湾蛟龙瀑布等。世界上著名的三大瀑布：维多利亚瀑布（宽1800m）、尼亚加拉大瀑布（宽1240m）、安赫尔瀑布（总落差979m）等皆属于此类型瀑布。

（2）岩溶型瀑布

岩溶型瀑布指可溶性岩类地区因水流的溶蚀、侵蚀作用所形成的瀑布，或钙华层在河道中不断堆积形成坝坎而产生跌水。这类瀑布，既广泛出现于因岩溶作用造成的陡崖上，又分布于水流溶蚀作用造成的地下暗河和溶洞中。如贵州的黄果树瀑布，就是因打帮河上游白水河段的石灰岩岩层产生断陷，从而形成落差达60多米的大型瀑布。

（3）熔岩型瀑布

熔岩型瀑布指火山熔岩在地表上漫溢阻塞河道或湖泊出口，水流从熔岩陡坎上跌落而下所形成的瀑布。如黑龙江镜泊湖的吊水楼瀑布。

(4) 差别侵蚀型瀑布

差别侵蚀型瀑布指由于岩性的差异，使河谷下蚀作用不均匀地进行，常在软、硬岩石河段之间形成陡坝，产生瀑布，如云南叠水瀑布。黄河壶口瀑布形成的一个重要原因，亦是由于黄河切割吕梁山南端的绿色砂岩、页岩等软硬不同的地层。

(5) 堰塞型瀑布

堰塞型瀑布指因山崩、泥石流堆积于有水流的河道上所形成的瀑布。如四川叠溪瀑布即由1933年叠溪大地震引起山崩，堵塞岷江河道而形成。

(6) 冰川型瀑布

冰川型瀑布指在冰川侵蚀槽谷中，水流受冰碛物堆积阻隔形成的瀑布。如九寨沟内诸多瀑布即是因第四纪冰川进退和气候冷暖变化而形成。

由于瀑布将山水完美地结合在一起，形态、声势、色彩三者俱佳，因而成为极具吸引力的旅游资源。在形态方面，瀑布飞流急泻，喷珠溅玉，千变万化，给人以雄、险、奇、壮之感。在声势方面，瀑布或如雨声，或如雷鸣，或如万马奔腾，使游人惊心动魄，同时对景观起到良好的"配音"效果。在色彩方面，瀑布下落时或似"白练"，或似"堆雪"，或在阳光折射下托起道道七彩长虹，美不胜收。同时，它们与山石峰洞、林木花草、白云蓝天、文物古迹等环境要素协调配合，形成千岩竞秀、万峰急流、美若仙境的奇妙世界。因此，出色的瀑布无一例外地成为重要的旅游观赏对象，使旅游区整体景观变得生动活泼起来。因而瀑布往往成为人们赞美的景观对象，"飞流直下三千尺，疑是银河落九天"这一脍炙人口的名句，即是唐代大诗人李白以浪漫、夸张的手法描述瀑布壮观景象而留下的千古绝唱。

4. 泉水

泉水是地下水流出地表的天然露头，常在山区的坡麓、沟谷出现。当含水层或含水的通道被侵蚀而出露于地表时，地下水便涌出成泉，故泉是地下水的一种重要排泄方式。

在自然界中，形成泉的条件是多种多样的，因此泉的种类也非常多：按泉水的水文条件可分为承压泉、潜水泉；按泉水地质条件可分为接触泉、裂隙泉、断层泉、溶洞泉；按泉水温度可分为沸泉、热泉、温泉和冷泉；按泉水的矿化度可分为普通泉和矿泉；按泉水出露状态可分为上升泉、下降泉或喷泉、间隙泉、溢出泉；按泉水奇特性可分为喊泉、笑泉、含羞泉、珍珠泉、乳泉、盐泉、香水泉等。

（1）温泉

温泉是由降雨、地表水下渗循环到地下一定深度，经地热加温后循环出露到地表的泉水，属于地热异常区的地热现象之一。温泉的水温由水渗入地下的循环深度和所在地区因地壳活动形成的地热条件所决定。地下水所处深度越大，所在地区地热异常程度高，水的温度就越高。因此，温泉泉水的温度差别很大，从<0℃到>100℃都有。通常，人们将水温低于当地年均气温的泉水称为冷泉（通常以20℃以下为冷泉），水温高于当地年均气温的泉水称温泉。其中，水温超过37℃的温泉又称为热泉，45℃以上的则称为高热泉。

热泉和高热泉又常被称作"汤"。水温接近或达到当地水沸点的泉水，称为沸泉。即使在极地和高山地区，地下水只要循环到一定深度，地热温度高，也可形成温泉，甚至高温沸泉。

（2）矿泉

矿泉通常指含有特种矿物成分和气体成分，矿化度达到1g/L以上，对人体具有医疗和保健价值的泉水。其中，有的泉水矿化度虽未达到1g/L，但却含有人体所需的氡、锂、硫化氢等特殊成分或大量二氧化碳等，适宜于沐浴、饮用，对人体健康有利，习惯上也视作矿泉。矿泉按医疗、保健作用可分为饮疗泉（以饮用、含漱方式治疗多种慢性疾病）、浴疗泉（以淋浴疗养皮肤病、心血管病和神经性疾病等）和饮浴兼用泉（既可饮用疗养，又可淋浴疗养）三种类型。亦可按所含对人体有益的重要矿物类型，将矿泉分为不同类型，如锶矿泉、偏硅酸矿泉、锶—偏硅酸型矿泉、氡矿泉、锂矿泉等。

矿泉是健康疗养和医治疾病的珍贵旅游资源。一般蕴藏比较深，与地壳深部断裂构造有关。泉水在地壳深部循环的过程中，若溶解有一定量的矿物化学成分、有机质和气体，温度又较高时，便形成温泉或热泉。而在花岗岩发育的地区，则多容易形成饮用矿泉水，如中国的海南省广泛发育花岗岩，所以饮用矿泉水分布广、储量多且质量好，多数达到优质矿泉水标准，也有达到珍贵优质矿泉水标准的。

泉水具有良好的美化环境功能，是重要的旅游景观。如济南以拥有形态多样的108眼涌泉而得名"泉城"，泉水甚至成为济南的重要城市特色；福州以温泉众多而被称为"温泉城"；四川康定拥有泉水上百眼，冷泉、温泉、热泉、高热泉直到沸泉，应有尽有，也是名副其实的"泉城"。

矿泉和温泉还具有重要的医疗、保健功能。无论是在中国或是在欧洲、日本，早在远古和中世纪时就因其优异的医疗作用而被人们广泛重视和利用。由于矿泉中富含多种对人体有益的矿物质或微量元素，能起到预防和治疗某些疾病的作用，因而受到人们的高度重视。如氡泉对治疗神经衰弱、心律不齐、高血压或低血压、糖尿病等多种疾病具有较好的疗效；硫化氢泉可以改善皮肤血液循环及新陈代谢，对银屑病、神经性皮炎、湿疹有独特疗效；其他如硅酸盐泉、碳酸氢盐泉在治疗某些疾病方面也可发挥巨大作用。因此，世界上重要的温泉地几乎都是首先形成疗养地。人们利用泉水，以饮、浴、蒸、敷等不同疗法，治疗各种疾病，收到很好的疗效。从而，矿泉和温泉疗养成为今日世界重要的健身度假旅游活动内容。

此外，优质泉水还是煮茗、酿酒的重要水资源。如以泉水泡茶，因泉水水质甘甜，冲泡出来的茶水清香四溢、沁人心脾且口感甘甜，为一般井水、河水及自来水所无法比拟。如杭州以虎跑泉水泡龙井茶被誉为"西湖双绝"，成为杭州吸引游人的饮中珍品。贵州生产的国酒茅台，亦是以赤水河两岸岩层中溢出的清泉酿造，故醇香甘甜，为其他地方所不能仿制。在我国，凡是著名酒品，无不使用泉水酿酒，故有"名泉必有佳酿"之说。

5. 河口与海面

河口与海面指两条以上河流交汇处、大河支流汇入干流入口处、大河河流入海口及宽广的海域。从旅游资源角度分类，则主要指这些区域中风景优美、壮观的河口交汇景观，风光优美、适宜观光游憩的海域，海面上的涌潮现象和击浪现象等景观。如黄河入海口、长江入海口的壮阔景观，钱塘江入海口的涌潮，鼓浪屿的海岸击浪，四川乐山大佛前大渡河与青衣江相汇入岷江的三江口景观，岷江和金沙江的长江起始地河口景观等。

6．冰雪地

（1）冰雪景观

冰雪景观通常指在中纬度和高纬度地区常出现的大气降雪（固态降水）现象及由大气降雪与地面的地貌形态和植被共同形成的气候景观。冰雪景观以辽阔壮丽的茫茫雪原、千姿百态的冰瀑冰挂、婀娜多姿的雾凇树挂等形成对游人的巨大吸引力。人们往往利用这些景观开展各种冰雪旅游活动，如赏雪景、看雾凇、滑雪、滑冰、堆雪人、制作冰雕、乘雪橇等。一些冰雪资源条件好的地方，还利用冰雪资源举办冰雪旅游节、雾凇旅游节、冰雕艺术节等。

（2）冰川

在极地或高山雪线以上，还有一种特殊的冰雪景观冰川。冰川是一种沿着地面运动的巨大冰体，由降落在雪线以上的大量积雪在重力和巨大压力下形成。雪线，是指当年的降雪和融雪达到平衡的高度。固态的雪降落到雪线以上的地区被保存下来形成雪盖，同时新雪通过升华再结晶变成粒雪，随着雪盖厚度的增加，下部粒雪受压而紧密地结合起来，形成冰川冰。当温度升高时，冰川冰呈现出冰、水、汽三相并存局面，如果这时地表或冰面有适当的坡度，一定厚度的冰体就会在重力作用下，向雪线以下地区缓慢流动，形成冰川。

冰川有多种类型，根据冰川所处的位置、形状和规模，可分为大陆冰川和山岳冰川两种。其中，大陆冰川指分布于极地或高纬度地区的大面积冰川，如北极、南极地区的冰川。山岳冰川指在中低纬度高山雪线以上形成的冰川，此种类型的冰川是冰川旅游的主体对象。由于山岳冰川所处地区的气候条件、冰川的物理性质及冰川周围的环境等差异，山岳冰川可进一步分为海洋性冰川和大陆性冰川两类。前者主要分布在受海洋湿润气流影响的地区，冰川水分循环速度快，地质地貌作用强烈，侵蚀地形发育；后者则主要分布在气候干燥的大陆内部，冰川的侵蚀作用微弱，而堆积地貌发育。按照山岳冰川的形态，可分为悬冰川、山谷冰川、平顶冰川、冰斗冰川四种类型。

①悬冰川

山岳冰川中数量最多、最常见的一种。多分布在山坡斜坡或山脊斜坡相对低洼的地方，一般规模较小，对气候变化的反映比较灵敏，容易产生，也容易消亡。

②山谷冰川

山岳冰川中规模最大的一种。一般位于河流的源头，上游有宽阔的补给区，并有长长的冰舌溢到山谷底部。

③平顶冰川

山岳冰川中数量最少的一种。主要位于某些高山顶部，出现在较为浑圆平坦的古夷平面地区，当这种平顶降到雪线以上的高度时，冰雪就在上面堆积起来，发育成平顶冰川，其规模、大小不一。

④冰斗冰川

高山上聚积积雪，因寒冻风化和冰川掘蚀及刨蚀形成的三面岩石陡峭、底部平缓的圈椅状冰川，其规模通常较小。

由于冰川景观雄伟瑰丽，非其他自然风景所能比拟，加之冰川所在地的环境质量优于一般风景区，故日益受到酷爱大自然、喜欢健身和探险的旅游爱好者的青睐。目前，世界上很多高山冰川区已被开发成旅游基地，纷纷建立起冰川公园。中国是世界上中低纬度现代冰川最为发育的国家，冰川分布地域辽阔，跨越新疆、西藏、甘肃、青海、四川和云南等6个省区，其中部分著名冰川已开发为旅游胜地。

（二）水域风光对旅游活动的影响

1. 水体资源与旅游的关系

（1）水体是最宝贵的旅游资源之一

水体的形、态、声、色、光、影及其组合变化所具有的独特美学魅力，使水体自身可独立成景。海洋的潮涨潮落，河流的平和从容，湖泊的轻柔幽静，瀑布的奔放勇猛，泉水的秀美清丽，冰雪的奇妙变化，都具有形、色、声动态变化的多样性美感，使人心驰神往。许多河流、瀑布、湖泊等，以优美迷人的景色而成为独立的、极有价值的风景名胜区，如壶口瀑布、杭州西湖等。固态的水体资源——冰雪，表现更为突出，可形成冰雕、雪雕等艺术产品，并举办各种类型的"冰雪艺术节"。

（2）水体是各类景区的重要构景要素

水体是各类景区的重要构景要素，水与山、水与生物、水与建筑物、水与人类活动等，共同组成了景色多变、类型各异的水域风光。有了水，风景才有生气、活力。例如，溪流瀑布使山岳变得"生动活泼"，正所谓"山以水为血脉，以草木为毛发，以烟云为神采，故山得水而活，得草木而华，得烟云而秀"。

（3）水体可开展丰富多彩的旅游活动

随着人们旅游需求的个性化和多样化，游客越来越注重体验与参与。水域风光类旅游资源，既可观赏又可体验、参与，深受游客青睐，如海水浴、温泉浴、游泳、划船、滑冰、滑雪、潜水、漂流、冲浪、垂钓以及疗养、品茗等，总是情趣无限，魅力不减，给人们带来刺激和愉悦的感受。

2. 水域风光的吸引因素

水域风光类旅游资源开发价值的大小，主要取决于其构景要素的吸引力大小。水域风光类旅游资源的构景要素主要有以下几种：

（1）水形

水形是指水体不同的形状。地球上的水体多以各种不同形状的地理实体表现出来，海洋、河流、湖泊、瀑布、泉水等都有不同的形状，给人不同的美感。碧海蓝天、水天一色，给人以浩瀚之美；湖天一碧、空明澄澈，令人志清意远，心波流连。河岸曲折、港口众多，容易造成"曲径通幽"的环境，也可增加水面景观对比度，增加深远感。水不在深，贵在弯曲，曲才显得多姿、富于自然天趣。而平滑弧形岸线，给人完美无缺的满足感；平直岸线，则给人以勇往直前的刚强感。

(2) 水态

水态是指水体的状态。由于受地形和季节影响，水体呈现出有动有静、动静结合的特点。液态水体在表现形式上有动态与静态之分；在运行过程上有喷涌、流动、跌落、平静之分。静水常以湖、塘、池等形式出现，安详、朴实是其主要特点。滚滚的江河、波涛汹涌的海洋、潺潺流淌的小溪等流动水，波光晶莹，具有活力和动感，令人兴奋欢快。因此，平湖如镜、飞瀑倾泻、汪洋激浪、千姿百态、百媚柔情，各有其美的哲理深度和美学价值。

(3) 水影

水影是指映在水中的倒影。山石树木、白云蓝天、飞禽走兽、各种建筑，乃至人的活动都会在水中形成倒影，构成美不胜收的生动画面。水影能增加水体层次、扩大空间，水上水下、岸上岸下、桥上桥下，实物水影相互辉映，使自然风光绚丽多姿。微风吹拂，水波荡漾，更具诗情画意。例如，清代袁枚描写桂林山水有诗云："江到兴安水最清，青山簇簇水中生，分明看见青山顶，船在青山顶上行。"

(4) 水声

水声是指水体流动或冲击时所发出的各种美妙的声音。水体在内营力、外营力作用下，或受坡度影响而流动时，可发出各种声音，推波助澜的急流，惊涛拍岸的潮流，空山雄浑的飞瀑，恬静的涓涓细流，各自弹出不同声音的乐章，既给人强烈的动感，又悦耳动听，给人以音乐美的享受。例如，安徽黄山鸣弦泉，泉水叮咚作响，宛如弹拨琴弦的声音，清脆悦耳，有诗描述："山空滴沥如下注，转觉飘洒若风雨，却按宫商仔细听，二十五弦俱不住。"

(5) 水色

水色是指水体的颜色。水体自身没有颜色，但由于其深度，所处地理环境、季节、周围景色的不同，对不同波段的可见光吸收和反射程度各不相同，或者所含矿物质及洁净程度不同，呈现出多姿多彩的水色。例如，我国黄河因含沙量大，成为世界上特有的黄色巨流，在阳光下宛如一条金色的带子。

(6) 水味

水味是指水体的不同味道。自然界的水体或多或少含有各种盐类、有机质和微量元素，出现不同的水味。清冽甘甜的水富有味觉美，能给人清心、静心和养心的享受。例如，我国浙江虎跑、龙井、玉泉三大名泉，山东趵突泉，陕西甘泉，山西晋祠泉等，水质清澈，甘甜醇香。用名泉泡茶是游人追求的品茗美感之一，杭州"龙井茶叶虎跑水"被誉为"西湖双绝"。

(三) 水域风光类旅游资源开发

水是生命的源泉，在人类与自然界的关系中具有特殊的亲和力，水体独特的魅力使其具有独特的鉴赏价值，成为自然风景中不可缺少的重要构景因素之一，可以说，水域风光类旅游资源是富有普遍吸引力和普遍参与性的旅游资源类型。水域风光类旅游资源可以开展多种旅游活动，能从不同方面满足游客的旅游需求和旅游动机，主要体现在以下方面。

1. 具有审美功能，可以开展观光旅游

水域风光类旅游资源以其独有的形、声、色、影、态等变化的多样性展示着它特有的美感，成为旅游中重要的审美对象。水体给游人的美感是多方面的。

(1) 水的壮阔雄浑之美

浩瀚无垠的大海，飞流直下的瀑布，波澜壮阔、奔流不止的溪流，都会使人心胸豁然开朗，产生仰慕或敬畏之情。贵州黄果树大瀑布、陕西壶口瀑布等都是以雄壮著称的景观，当瀑布水流直下撞击崖壁、深潭时，水雾弥漫，声震四野，似雷鸣、似万马奔腾，惊心动魄。

(2) 水的秀丽妩媚之美

清澈的溪流、水山相映的湖泊、舒缓的江面，都会给人清丽柔和的美感，使游人感到轻松活泼、静雅舒适。例如，浙江富春江，宽阔的江面、平缓明净的流水，两岸清山如黛，间以农田、村舍，一片江南水乡的情调，给人以秀丽美妙之感。还有"如情似梦"的漓江、"淡妆浓抹总相宜"的西湖等，都给人秀美之感。

(3) 水的奇特不凡之美

水的奇特之美，源自其形、色、声等方面的变化。例如，九寨沟奇妙的水景，九寨沟共有 108 个彩色湖泊，高低错落，水中倒映红叶、绿树、雪峰、蓝天，变幻无穷；位于以色列和约旦两国交界处的内陆咸湖——死海，堪称世界之奇，湖中含盐量非常高，不会游泳的人在湖中很容易漂浮起来，甚至可以仰卧水中、捧书阅读，奇趣无限，每年都吸引着大量的游人前往体验。

2. 具有疗养功能，开展休闲健体旅游

温泉、海水、湖泊等均具有疗养功能，对于人体的保健和医疗作用重大。这些水体中含有多种微量元素及其他化学成分，有一定的矿化度，通过对人体的药理和化学生物作用，而产生治病健身的功效。"深知海内长生药，不及崂山一清泉"，是人们对崂山温泉理疗价值的评价。我国大多数温泉所在地，山川秀丽、风景如画，是疗养和旅游的好去处。例如，北京的小汤山温泉、辽宁鞍山汤岗子温泉、西安久负盛名的华清池温泉度假区等。

3. 具有品茗功能，开展茶文化旅游

饮茶品茗，以修身养性，陶冶情操，是人们生活中一种颇具典型意义并富有特色的生活艺术。茶与水的关系极为重要，我国在几千年的饮茶习惯中，人们既重视茶叶的质量，又重视水的质量。例如，杭州西湖龙井茶，最好地保持了茶的本色，用该地区虎跑泉的水沏茶，则茶水清澈无比，叶芽形状美丽而不失真，味亦清淡甜美，如饮甘露，西湖龙井之所以能保持这种特点，与天下名泉——虎跑泉水有很大的关系。

4. 具有娱乐功能，开展水上游乐旅游

水域风光类旅游资源可以开展丰富多彩的娱乐活动，游泳、垂钓、潜水、荡船、冲浪、漂流、滑水、海水浴等活动，都要借助于清澈的河水、碧波荡漾的湖泊、水质良好的海域和风光优美的海滨。例如，我国大连的老虎滩、金石滩海滨游览区、河北北戴河、山东青岛、广东汕头、海南三亚等旅游胜地，都是借助于一定的水体资源、良好的气候条件、优美迷人的自然风景开展海水浴、驾船扬帆、潜水、观景等体验性旅游活动，吸引了广大的中

外游客。

适合漂流探险的河段，必须要有自己的一些特点和要求。

（1）风景优美

沿岸自然风光优美，是漂流探险河段的基本要求。

（2）水流速度快

漂流必须有一定的水流速度作支撑，只有浪急才能使游客得到一定的刺激。

（3）安全系数大

选择漂流河段时，首先要考虑的安全因素：

①水不宜深

水过深加上水流速度快，游客一旦落水容易危及生命。

②暗礁险滩少

触礁或者冲撞险滩，对于漂流危险性较高。漂流河段应尽量避开或者采用人工方式清除暗礁。

③水温适宜

漂流探险活动中，游客衣衫容易弄湿，因此河段的水温应该适中，不能太凉。

5. 具有文化内涵，开展水文化旅游

水体资源不仅是旅游资源的重要部分，也是人们吟诗作赋的主要对象，古往今来，不少文人墨客以秀丽的江河湖泊、雄浑壮丽的瀑布、清澈甘醇的泉水为对象，写下了许多流传至今的优美诗篇。例如，"一生好入名山游"的大诗人李白，曾写下"飞流直下三千尺，疑是银河落九天"的诗句来赞美瀑布，他笔下的庐山瀑布，气势磅礴，神韵万千；唐代大诗人韩愈曾以"江作青罗带，山如碧玉簪"的诗句，来赞美如诗似画的漓江；孟浩然则用"气蒸云梦泽，波撼岳阳城"来描写洞庭湖的壮阔景象。

三、生物类旅游资源开发

（一）生物景观旅游资源

1. 林木景观

林木景观包括古树名木和森林景观两大类。

（1）古树名木

旅游资源中的古树名木多指呈单体存在，以树龄、规模、形姿和处所环境等为特色吸引游人观赏、观看自然演变迹象、引发游人思古幽情的树木。如主要分布于我国四川、贵州、重庆、湖北境内山地（海拔1200～2400m）的珙桐，就是被称为"活化石"的著名古老观赏树。其黄色球形花序前的尖嘴壳像鸽子头，两片乳白色的大苞片仿佛鸽翅，每当山风吹拂，犹如一群群飞翔在高大茂密树冠上的鸽群，被誉为美丽的"中国鸽子树"。又如黄山的迎客松，树冠扁平，飘逸多姿，针叶短而密，苍劲古雅，其形态和气势别具一格，给人一种刚毅挺拔之感，被称为"黄山四绝之冠"。孟加拉国的一棵古榕树以"独树成林"而闻名世界，树冠覆盖面积达10000余平方米，可容纳数千人在树荫下乘凉，为世界上最大的古树。

（2）森林景观

森林景观有野生、原生森林和人工森林景观之分。因其浩大繁茂、馥郁苍翠、幽深神秘，拥有大量珍稀动植物，成为人们开展探险、探奇、探幽、科学考察、康疗保健、休闲游憩及野生动植物观赏与标本采集的重要旅游场所。

森林的生长与所在地区的纬度、海拔、气候条件等有密切关系，不同地理环境条件下，适宜不同的森林植物种群生长，故在地球上出现了亚寒带针叶林、温带落叶阔叶林、亚热带常绿阔叶林、热带季雨林、热带雨林等森林植被系统。

①亚寒带针叶林景观：分布在夏季温和湿润、冬季十分严寒的北半球中高纬度地区和北半球低纬度的高山地区。针叶林由针叶乔木和灌木组成，由于气候低温干旱，植物叶片呈针形或线形，树冠呈圆锥形或塔形。如耐寒喜

光的落叶松，还有常绿针叶树种等。北欧是针叶林的主要分布地区，也是全欧洲森林覆盖率最大的地区，大多数地域在60％以上。故瑞典有"伐木场"之称，芬兰以"森林王国"而闻名。

②温带落叶阔叶林景观：分布于夏季温暖多雨、冬季寒冷干旱的温带地区，树叶较宽，有真正的果实。因夏季温暖多雨适宜树木生长，冬季寒冷干旱导致植物落叶休眠，故植物群落季相变化明显：夏季枝叶繁茂，冬季枝叶光秃，且林下多春秋季开花植物。欧洲大陆西部的温带落叶阔叶林种类较为单调，而中国华北、东北及朝鲜、日本等地种类则较丰富，北美五大湖和大西洋沿岸低地也有分布，南美南端及大洋洲南部则仅有小面积出现。被誉为"欧洲心脏"的奥地利首都维也纳，有"多瑙河女神"之称，其主要原因不仅因这里是"世界音乐之都"，更重要的是维也纳的森林首先给人以无尽的美感和乐趣。许多著名的音乐、诗歌、绘画作品，正是在维也纳森林的熏陶、启迪下完成的。

③亚热带常绿阔叶林景观：分布于气候温暖、湿润多雨的亚热带地区，树叶宽大、四季常绿。常见植物由樟、栎、茶树、木兰、山毛榉等以及许多藤本、木本植物组成。东南亚的亚热带常绿阔叶林，在世界上分布最广、最为典型；南欧地中海地区发育的大片亚热带常绿硬叶林，不仅分布于沿海和平原一带，而且深入河谷地带，树种由地中海松、栓皮栎和马基群落等构成；北非有油橄榄等树种，美国东南部地区亦有生长。

④热带季雨林景观：分落叶季雨林和常绿季雨林两种，以南亚及东南亚分布较广。非洲南部称为"混合落叶林"，东非及北非因树稀散生而形成"走廊林"，南美、中美称"季节林"，是热带雨林的蜕变。

⑤热带雨林景观：分布于湿热多雨的热带，由高大的乔木、丛生的灌木和纵横缠绕的藤本植物形成，林木茂密。不同高度的乔木构成了多层次的乔木层（最高可达70～80m以上），粗大的榕树在其基部伸出厚厚的板状根，藤本、木本和寄生植物众多，具有重要的旅游观光和科学考察价值，不少地方已经成为世界著名的观光旅游区。南美亚马孙平原热带雨林是世界上最大的热带雨林分布区，马来群岛和印度半岛南部也分布有大面积的热带雨林。

在热带雨林中，哺乳动物、鸟类等珍禽异兽和昆虫众多。如号称"世界动物王国"的亚马孙丛林中，有多达700余种哺乳动物和800多种鸟类、1.5万多种昆虫。这里的昆虫体形特别大，如黑蚁长达4cm，靠张网捕鸟而生的大蜘蛛长达30cm。目前，世界上已有许多热带雨林区成为著名的旅游观光地。

广袤的森林，可以为游人提供安静舒适的幽雅环境，是人们"回归大自然"寻求精神平衡、接触大自然的理想境地。森林还具有涵养水分、保持水土、净化空气及隔挡、降低噪音的功能，是"天然的隔音墙"。因此，森林在保护环境、维持陆地生态平衡中起着关键作用。

森林中清新的空气、含量较高的氧气和负离子以及树木散发出的各种杀菌有机物质，可使人体健康得以恢复，尤其是使神经系统和呼吸系统得以康复。

在不同的地理区域，森林旅游资源各有其特征，其中部分原始森林因动植物种类丰富，同时成为国家重要的自然保护区乃至联合国"人与生物圈"保护区网络成员，如吉林长白山原始森林、云南西双版纳原始森林。有的林地则具有独特的生态价值，如广西合浦县山口的红树林国家级自然保护区，其红树林既是海滨鸟类、鱼类和脊椎动物的栖身繁殖场所，亦能起到扩展滩涂、防御风浪潮汐袭击和保护海岸的作用。在这些同时属于自然保护区的森林地带开展旅游活动，首先必须遵循自然保护区的管理规定，以生态环境保护为前提，严格防止人类活动对森林及其动植物资源的破坏。

此外，我国南方地区普遍种植的竹子亦属林木类旅游资源。在许多地方，由于建设用材的需要，人们大面积种植竹子而形成竹海景观。一些地方则因竹子种类繁多、形态各异、观赏性强且生长迅速，故大量种植竹类作为观赏植物，美化环境。如我国最大的竹类种植地和最负盛名的竹类观光度假旅游地——四川宜宾的蜀南竹海，竹类品种最丰富的旅游地——四川成都市区的望江公园。

2. 草地

草地是在干旱、半干旱气候下，由旱生或半旱生草本植物组成的植被区域。面积宽广者通常称为草原。在旅游资源中，草原是极具旅游吸引力的旅游资源类型。根据水热条件，草原可分为典型草原、荒漠草原、草甸草原。根据草原的地貌分布特征，可分为平坝草原、高山草原、草坡（草山）、高山草甸等。在茫茫的草原上，主要繁生着禾本科植物，局部地方簇生杂蒿和小灌木。由于大部分草原分布在温带高原上，其景观受气候影响有着明显的季节变化：春夏季节的草原，蓝天白云下鲜花盛开、绿草如茵、河流蜿蜒、湖沼密布，成群的牛马在牧场上欢跃，悠然自得的牧民在马背上放歌，繁星般的黑、白帐篷炊烟袅袅。优美的风光加上骑马、骑骆驼、摔跤、赛马、骑射、垂钓、品尝草原美食、体验草原生活等旅游项目，使草原成为久居闹市的城市游人的旅游乐土。秋天以后草原凋谢，至冬季则成为白雪茫茫的原野。

我国有着辽阔的草原，从呼伦贝尔到天山山麓，从阴山脚下到青藏高原，辽阔无垠的草原以特有的气派，点缀着祖国的锦绣山河。世界上最大的湿地草原四川若尔盖大草原，"天苍苍，野茫茫，风吹草低见牛羊"的内蒙古锡林郭勒草原，牧笛声声的"天鹅之乡"新疆巴音布鲁克草原……美丽的草原已成为人们理想的旅游地。

除了我国草原辽阔外，世界上许多地方都有广阔的草原分布。从匈牙利经黑海沿岸、中亚、蒙古，至我国的内蒙古和东北，整个欧亚大陆北部基本上由草原连成一片。从加拿大中部到美国中部有北美温带大草原。被称为"骑在羊背上的国家"的澳大利亚中西部亦为广袤的大草原，在非洲则有热带稀树大草原。各地草原种类不相同，植物物候和动物群落各异，加上各具特色的民俗风情，形成魅力无穷的草原旅游吸引力。

3. 花卉地

花卉地是由各种奇花异卉所构成的旅游景观地。由于花卉种类繁多，枝、叶、花、果实、种子的形态和色彩等各有特点，呈现出不同的景观效应，具有很高的旅游欣赏价值。

花卉不仅具有观赏美（如荷花的高雅、牡丹的华丽、红梅的娇媚、海棠的艳丽）、寓意美（如红豆寓相思、白百合寓纯洁、黄菊寓哀思）、嗅觉美（如丁香的沁香、兰花的幽香、玫瑰的馥郁、桂花的芬芳）及美化环境等功

113

能，人们还常以花卉来表达人们的语言、感情和愿望，以花卉作为国家、城市的象征。

奇花异卉由于具有与人们日常认识的一般花卉与众不同的特征，诸如最高、最古老、花最大、形状独特、色彩斑斓艳丽等特征，对人们具有巨大吸引力。有些花卉因属于珍稀濒危植物而受到保护，故奇花异卉往往具有极高的价值，备受游人青睐。

4. 野生动物栖息地

地球上动物种类很多，群系复杂，数量丰富。有些野生动物不仅具有经济、科学、文化教育等多方面的重要意义，而且现存数量稀少或濒临灭绝，成为珍贵稀有动物，简称珍稀动物。它们以其体形、色彩、动态、鸣叫等不同的特征，使旅游景观生动活泼，深受人们的喜爱，有的被视为民族精神的象征甚至国宝，因而具有很高的旅游价值。观赏珍稀动物现已成为国内外游人甚感兴趣的旅游活动内容之一。人们既可以实地欣赏其美丽的形态与色彩、独特的生活习性和逗人的表演，还可以建立城市动物园或野生动物园等以供长期观赏。而那些与之相联系的珍稀动物栖息地——自然保护区，则成为开展野生动物观赏旅游、生态旅游和科学研究的理想之地。

随着生态环境的变迁、恶化，当今世界珍稀动物愈来愈少，不少动物因已濒临灭绝而显得极为珍贵，它们往往都有极高的观赏价值和科学研究价值。为了保护珍稀野生动物，各国纷纷在其栖息地建立自然保护区，以保护其种群及生存环境。如我国的四川卧龙大熊猫自然保护区、青海湖鸟岛自然保护区，南非卡拉哈里羚羊国家公园、尼泊尔奇特旺皇家国家公园（以亚洲独角犀牛为主，也是孟加拉虎的最后避难所）。这些自然保护区、国家公园，每年皆吸引着成千上万的游人前往参观游览。

（二）生物景观类资源与旅游的关系

生物以其生命性、丰富性、再生性等特征成为自然旅游资源中不可替代的组成部分，同时以其特有的方式影响着现代旅游业的发展。

1. 构景

构景是指生物以其美化环境、装饰山水的功能而成为旅游景观的一大部分，失去生物，旅游景观便会失去魅力。"峨眉天下秀"是茂密的植被覆盖起伏流畅的山体，因而形成色彩葱绿、线条柔美的景观；"青城天下幽"则是翠峰环绕，遮天蔽日。寺观亭阁，掩藏于浓荫翠盖之中，曲径幽道出没于深谷密林之间，清静幽深，含秀藏奇。人们早已认识到生物的这一特点，充分利用生物进行园林建筑、装点城市。

2. 成景

成景是指自然界中由生物本身的美学价值引起人们的美感，吸引游客探索大自然奥秘而形成的旅游景观。生物的成景作用源于其形态的美、奇、稀和生命过程等特征。从形态上看，不少植物花色艳、花姿俏，不少动物体形奇特、鸣声悦耳，此为"美"；不同环境有不同生物，热带动植物对于温带的人们充满奇特之感，此为"奇"；世界上数量稀少而又极具科学考察和观赏价值的生物，被视为无价之宝而备受人们"宠爱，此为"稀"。从生物的生命过程来看，植物随季节变化形成的春季观花、秋季赏叶，动物随季节迁徙形成的蝴蝶谷、大鹅湖等，都能成景。

3. 造景

造景指人们根据生物的特征，将野生生物驯化后进行空间移植，创造出具有旅游价值的景观。通过人工营造环境，将各地的植物活体汇集一园形成的植物园，具有较高的科学考察、观赏娱乐价值，如北京、中山、西双版纳等植物园都是著名的旅游胜地。

（三）生物景观类旅游资源开发

生物景观类旅游资源以其自身生命节律周期性所表现出的变化多端的形态构成风景实体，几乎在所有的旅游活动中，生物景观都起到了一定作用，具有多方面的旅游价值。

1. 观赏功能

生物界具有纷繁复杂的形态与现象，具有很高的观赏价值，可以开展观光旅游活动。植物形态多姿多彩，或雄伟挺拔（如杉、红桧），或苍劲古拙（如松、柏），或婆娑多姿（如垂柳），或清姿瘦节（如文竹）；植物色彩五颜六色，有的四季常青（如松、柏），有的彤彤红火（如石榴花、木棉花），有的洁白似雪（如梨花），有的灿似黄金（如迎春花、金花茶），有的蓝似苍穹（如丁香花、勿忘我），有的斑驳陆离（如斑竹、五色梅）等，红、白、蓝、橙、紫、黑各色皆有，每种颜色还有深浅之分，绚丽多姿。

动物因其特殊的形体和生态及珍稀性、表演性、特殊的寓意成为游览观赏活动中的重要对象，游人通过观赏动物的形态、生态、习性、繁殖、迁移等方面的奇异性、逗乐性，可获得奇特美、珍稀美等多种美的享受。

2. 医疗保健功能

生物景观类旅游资源具有医疗保健功能。在众多植物中，相当一部分的根、茎、皮、叶、花和果实可用做中草药，动物的某些部分或器官也可入药。我国目前已知中草药约有千种以上，其中许多是名贵中草药，如人参、当归、鹿茸、麝香、天麻等，这些药材已成为重要的旅游商品。

3. 科普教育功能

生物景观类旅游资源是自然生态系统的组成部分，也是人类赖以生存的环境的一部分。人与自然、生物的关系是科学研究的重要方面，也是吸引游客参与学习和提高科学素养的资源。随着生态意识的提高，已有越来越多的游客对探索神秘、复杂的动植物及其生态系统产生强烈兴趣，对生物的观赏已上升到整个生态环境的层面，保护生物、保护自然已成为人类保护自身的重要途径。

4. 文化教育功能

在中国传统审美中，生物被赋予了某种寓意，使旅游活动和欣赏行为更具文化色彩和精神意义。有些花草树木所蕴含的含义在我国得到普遍认可，代表人们共同的价值取向。例如，翠绿挺拔的竹子，给人刚强谦虚的感受；古老苍劲的树木，让人产生抗争的心境和百折不挠的精神。

生物蕴涵的这些备受人们推崇的精神，可以陶冶情操。某些具有典型特征的动、植物，被人们当作某种精神品格或民族追求的象征与吉祥物，成为国花、国树、国鸟、国兽。同时，受宗教文化的影响，一些动、植物被视为圣物、神灵敬奉。例如，莲花象征佛教，它出淤泥而不染、洁身自好的品行正与佛教的超然脱俗相一致。

这些动、植物具有独特的旅游观赏价值和寓意，受到宗教保护的同时，也成为旅游活动特别是宗教旅游活动的观赏对象。

第三节　多样化人文景观旅游资源开发

一、历史古迹类旅游资源开发

（一）历史古迹类旅游资源

1. 古人类文化遗址

古人类文化遗址是指文字没有形成，人类活动没有记载的那一段历史时期人类活动的遗址，包括古人类化石、原始人部落遗址等。古人类祖先在二三百万年前就出现了，而人类文字的出现却仅有四五千年的历史。这些时代久远的遗址不仅反映了人类漫长的演变过程，而且给旅游者留下了一种奇妙而神秘的吸引力。考古发现地反映了古代人生产生活的情景：像华北的仰韶文化、半坡文化、大汶口文化、龙山文化，东北的红山文化，华东的河姆渡文化等都具有典型性。古代美丽神话传说产生地，虽然没有发掘文物遗址那样确凿不疑，具有故事的完整性、情节的生动性和民众的认同性，只要经过合理的艺术再现，也会成为重要景点。如对 5000 年前黄帝与伏羲的传说遗迹的开发，体现了它的旅游价值。

2. 陵墓

陵墓作为旅游资源，从已开发利用和将开发潜力分析，可分为帝王陵墓、纪念性陵墓和悬棺。

（1）帝王陵墓

中国的历代封建帝王不仅生前穷奢极欲，死后还想把这些荣华富贵带到地下去享用。因此，从战国开始，除三国、晋、南北朝及元朝以外，历代帝王都提倡"厚葬"，耗费巨大的人力和物力，修建规模巨大的陵墓及用来供奉、祭祀、朝拜的建筑。这组巨大的建筑，前者称"陵"，后者称"寝"，合称"陵寝"。从战国时代开始建"陵寝"起，下迄明、清，中国陵寝已有

2000多年的历史，其形制、规模多种多样，且珍藏着许多珍贵的历史文物，现大多已成为著名的旅游胜地。

帝王陵墓在其发展过程中形成了三种主要形式。第一种叫作"方上"。"方上"是早期陵墓的封土形式，是在地宫之上用黄土层层夯筑而成，呈覆斗形。由于陵墓的上部是方形平顶，犹如方形锥体被截去顶部，故名"方上"。第二种是以山为陵，就是利用山丘作为陵墓，把地宫掘进山里去。唐代的皇陵利用山峰作为陵墓坟头，在山丘上造陵，既能体现帝王威严，又省人力，还可以防止水土流失和盗墓。第三种是宝城宝顶，就是用砖石砌筑成圆形或长圆形的城墙，里面垒土封顶，使之更加突出。明、清两代的皇陵形制由汉、唐、两宋的方形改为圆形，在地宫上砌筑高大的圆形砖墙，于砖城内填土，使之高出城墙成一圆顶，这一圆顶即为宝顶。城墙上设垛口和女儿墙，犹如一座小城，即为宝城。

（2）纪念性陵墓

我国古代墓葬中，还有一大批纪念性的陵墓。被纪念的人有三皇五帝、圣哲先贤、诗人画家、骚人墨客及三教九流等。这些墓葬中有的是真人真墓，有的是衣冠冢，有的纯系传说。除个别著名人物外，它们一般规模不大，殉葬物微薄稀少，甚至空无所有，但是因为他们在历史上的作用，受到人们的敬仰，成为重要的游览胜地。

（3）悬棺

悬棺是在悬崖高处，凿孔、安设木桩，然后将棺木放在桩上，或者把棺尾放入岩穴，棺头架在木桩上。悬置越高，表示对死者越尊敬。我国有三处：宜宾地区兴文和珙县、三峡、武夷山九曲溪。

3. 古建筑

建筑是一个重要的人文景观构成元素。在人类社会发展的早期，建筑首先作为重要的人居环境出现，实用是其最初和最根本的功能。在人类社会发展的过程中，建筑发生了长期的演变。我国建筑是东方建筑的代表，主要分为城、墙、宫殿、坛庙、陵寝、寺院、佛塔、石窟、道观、亭、台、楼、阁、厅、堂、榭、坊、廊、轩、馆、斋、门、阙、牌坊、表、民居、桥等多种基本门类。

(二) 历史古迹类旅游资源的旅游功能与开发保护

1. 历史古迹类旅游资源的旅游功能

(1) 载体功能

历史文物古迹是历史上古人留下的遗迹和遗物,是一定社会历史条件下的产物,因而也是历史和文化的载体,是当代人们了解历史、理解文化的媒介。

(2) 科学功能(科学研究价值)

历史遗址遗迹反映了古代科学技术的发展程度。我国古代劳动人民修建了许多伟大的工程,发明了许多生产工具和科学仪器,它们是科学技术发展的成果和标志。如河南登封的观星台(我国现存最古老的天文科学建筑),由台体和石圭组成,反映出当时人类在天文观测方面的成就,具有很高的历史、科学价值。

(3) 观赏功能(美学价值)

很多历史遗址遗迹造型别致、设计精巧,有很高的美学观赏价值,构成了各具特色的人文景观。今天的人们可以通过这些历史遗址遗迹进行审美体验,提高自身的文化素养。如造型各异、丰富美观的玉器、陶器、漆器、绘画雕塑,一些特色的建筑造型等都能给人带来美的享受。

(4) 纪念和教育功能

历史遗址遗迹可供现代人瞻仰和凭吊,通过参观文物古迹以及与古迹相关的历史事件、历史人物,人们以古鉴今,得到内在的历史教育。这类遗址遗迹特别多,如在杭州西子湖畔有岳坟和岳庙、塑有岳飞形象,古往今来,人们都在此驻足凭吊和纪念岳飞,表达对其尊敬和怀念;再如广东三元里抗英团遗址,人们可以在这里受到爱国主义教育。

2. 历史古迹类旅游资源的开发

历史古迹类旅游资源的开发,可根据遗址遗迹本身的特征及其所具有的功能,再参考实际的市场需求来确定。

在一些地区,可以修建主题公园,人为再现遗址遗迹当时的生产生活方式、历史文化、民风民俗，并增加参与性的项目，让游客身临其境地体验古老的文化。如开封的清明上河园就是比较成功的案例。当然这类开发要慎重，要综合市场等一系列因素考虑其可行性，避免无特色开发、无参与性开发等盲目行为。

在文物古迹原始遗存的基础上，就地保护、复原历史原貌，开发文化观光和文化体验两类旅游产品，如观光旅游产品、遗产旅游产品、怀旧旅游产品、教育旅游产品、宗教旅游产品和考古旅游产品等。如以"谒人祖皇陵，寻姓氏根源，品龙湖风韵，赏古城新貌"为内容的淮阳姓氏文化寻根游活动，就属于这一类。

以一定区域内的文化古迹的影响力为契机，做好宣传工作，并努力营造出历史文化及休闲文化氛围，树立地方旅游形象和文化形象，打造文化品牌。如湖北是三国时许多战场、名人遗迹所在地，通过宣扬三国文化，可以独立或者和四川等地区一起开发三国旅游产品。

二、文化传统类旅游资源开发

（一）历史文化名城

在中国众多城镇中，有些以历史影响深远著称，有些以传统文化氛围浓郁知名，有的两者兼具，成为著名的历史文化名城。根据《中华人民共和国文物保护法》的界定，历史文化名城是指经国务院核定公布的、保存文物特别丰富并且具有重大历史价值或者革命纪念意义的城市。据此，历史文化名城必须具备下列要素：保存文物特别丰富；具有重大历史价值或革命纪念意义；是一座正在延续使用的城市；经中华人民共和国国务院核准并公布。历史文化名城这一概念是中国的独创，国际上没有与中国历史文化名城严格对应的概念，类似的城镇一般称为历史城镇（Historic City）。历史文化名城是中国珍贵的文化遗产，因其拥有众多的风景名胜、文物古迹、古朴的城市风貌，是发展旅游业的重要资源基础。

在国家历史文化名城中，有曾经是中国历代封建王朝的政治、经济、文化、军事中心的著名古都；有古代不同历史时期的诸侯国或封王的都城；有传统风景名城；有中国历史上著名的通商口岸与商埠；有近代革命运动的发源地和重大历史事件的发生地。在这些城市的地上、地下，至今仍保存有大量的历史文物和不同类型的文化载体，它们成为吸引旅游者前往的主要资源。

1. 历史文化名城的主要类型

（1）古都

古都是封建王朝的都城。一般来说，古都具有辉煌的历史，是多个朝代的国都，在历史上曾经是国家政治、经济、文化中心，是历史的定格。古都一般留存有古代的宫殿、坛庙、苑囿、陵墓以及其他重要的历史古迹或文物。古代的都城也具有突出的防御功能，多有城墙环绕，如西安。那些较为完整地保存到今天的古都名城，往往由于深厚的文化积淀和丰富的文物遗存而成为重要的人文景观旅游资源。中国比较典型的古都有北京、西安、洛阳、开封、安阳、南京、杭州等。

（2）地区中心

在中国漫长的历史进程中，无论是在封建王朝的全国统一时期，还是分裂割据的战乱年代，都有着大大小小的诸侯国。自汉代到明代，还有分封各地的藩王。

这些诸侯国或藩地的都城往往成为地区中心级的城市，并持续发展至今，如春秋战国时期赵国的都城邯郸、鲁国的都城曲阜、齐国的都城临淄、吴国的都城苏州等。

（3）风景名胜

一些历史文化名城，不仅具有丰富的历史文化内涵，而且置身于自然风景优美的地理环境中，城市建设、发展与自然环境融为一体，从而使得这些历史文化名城更具旅游吸引力，如桂林、大理、苏州等。桂林是石灰岩岩溶地貌发育最充分的城市，这里山清、水秀、洞幽、石奇，有"簪山带水，胜纪天下"之赞。苏州为中国的园林之城，古典园林不仅遗存数量多，而且艺术造诣高，有"江南园林甲天下，苏州园林甲江南"之说。

（4）民族及地方特色

民族及地方特色类历史文化名城，多分布在少数民族聚居的区域，是中国悠久的传统和多民族文化特征的代表，如呼和浩特、喀什、日喀则等。以日喀则为例，它位于世界屋脊青藏高原之上，优美的雪山风光使其具有突出的地域特色。同时，这里也是藏族的聚居地。

（5）近代革命史迹

近代革命史迹类历史文化名城，是近代中国重要革命事件的发生地，留下了丰富的反映中国人民革命斗争历程的文物和建筑，是全国红色旅游的主要目的地，如延安、南昌、井冈山、遵义等。

2. 历史文化名城的旅游价值

（1）历史文化底蕴深厚

历史文化名城具有丰富的历史文化内涵，体现了中国古代 5000 多年的发展史、100 多年的近代史以及 60 多年来的现代发展史的历史特征。历史文化名城是历史上许多政治、军事、经济、文化等重大历史事件的发生地，保留着历史传承的信息和印记，蕴含着深邃的文化遗产精华，是历史文化的载体和缩影，也是历史的标本和再现。历史文化名城集中反映了不同时代的人文精神和风貌，是人文旅游资源的荟萃之地。那些具有历史传统特色的古代街区、古建筑群、宫殿陵寝、园林寺观、文物古迹，既是历史的积淀，又是历史的再现。

（2）个性突出、品位高

每一座历史文化名城都积累了各个历史时期的文化，保存着大量的文物古迹，尽管他们各自所保存的文物古迹数量不同，时空分布不均，但都以某一时期为特征，以某一内容为代表，以某些建筑为标志，表现出明显的个性，形成鲜明的城市形象和历史内涵。如西安突出秦、唐时期的文化，北京突出明、清时期的文化，开封突出宋代文化，洛阳突出北魏时期的文化等。

（3）种类丰富多样

在中国已经公布的 100 余座历史文化名城中，每一座历史文化名城所代表的历史年代不同，所处的地理环境迥异，因此都呈现出明显的区域特色，表现出较大的差异性。如桂林、杭州、苏州等属于山水园林型历史文化名城；北京、西安、洛阳等属于古都型历史文化名城；遵义、延安等属于革命纪念地型历史文化名城；上海、天津等属于西方建筑文化型历史文化名城。

（4）现代人文旅游资源丰富

许多历史文化名城由于其特殊的历史地理原因，不仅蕴含着厚重的历史文化，现代化、城市化水平也很高，现代人文旅游资源丰富。如现代化的建筑，高耸的摩天大楼，高水准的博物馆，高品位的文化、艺术展览，完备和先进的会议、展销设施，舒适的高档星级酒店，美味佳肴，时尚服装，多功能的购物中心，激动人心的娱乐、体育活动等。

三、民俗风情类旅游资源开发

（一）民俗风情与旅游

俗话说"十里不同音，百里不同俗"，因生活环境、发展历史、经济社会、文化传统、宗教信仰等诸多方面的不同，形成了绚丽多姿、异彩纷呈的民俗风情。我国幅员辽阔，民族众多，各个民族在长期的社会生活中保留和传承了不同的生活习惯和民族风情，这些对旅游者来讲具有很强的吸引力，越来越成为各地旅游开发的重点。

1. 民俗风情的含义

民俗，即民间风俗，指一个国家或民族中广大民众所创造、享用和传承的生活文化。一般把因自然环境差异而形成的社会习尚叫"风"，把由社会环境不同而形成的社会习尚称为"俗"。它起源于人类社会群体生活的需要，在特定的民族、时代和地域中不断形成、扩大和演变，为民众的生活服务。

民俗旅游则是指人们离开常住地，到异地去体验当地民俗的文化旅游行程。民俗旅游资源具有不可替代性的特点，是人文旅游资源中最生动、最绚丽多彩的组成部分。

2. 民俗风情的特点

民俗旅游资源是人文旅游资源中最具特色的旅游资源之一，其种类复杂，形式多样，内容丰富多彩，主要表现出以下几个特点。

(1) 民族性

由于各民族历史传统和风俗习惯的不同，不同的民族形成了不同的民俗风情，之间存在很大的差异，往往被看作一个民族特有的标志。而民俗一旦形成，就有强烈的传承性，即使脱离了特定的地域环境，仍然不会改变。我国是个多民族的国家，尽管同属华夏文明，但不同民族由于各自所处的环境不同，从饮食、服饰到艺术文化、民族信仰，总是呈现出迥然不同的民俗。因此，以民俗风情为主的民风民俗旅游资源类型十分丰富，并具有鲜明的民族特色。

(2) 地域性

由于各民族所处的地理环境不同，因而形成了带有浓郁地方气息的民俗风情。即使同一民族，地域的差异也会导致不同民俗的形成，如中国不同地域形成不同的饮食口味：西南喜辣、西北爱酸、华北喜咸、东南沿海喜甜。

(3) 丰富性

民俗风情是长期延续和积累逐渐形成的社会生活方式、风尚习俗，它包括了饮食习俗、服饰冠履、岁时节令、民间工艺、婚丧节庆等，习俗之多，内容之广，可谓包罗万象，因此，游客在旅游过程中可以时时刻刻感受到不一样的民俗风情。例如，"陕西八大怪""云南十八怪"等，这些生活中方方面面的风俗习惯都能带给游客不一样的感受。

(4) 参与性

民俗旅游资源和其他旅游资源的最大区别在于游客能够参与其中，参与性强，游客通过参与能够感受到一种未加雕琢的"原汁原味"的异域风情。例如，游客走进林海雪原，可以感受一下狗拉雪橇；走进北京四合院，可以和主人一起包饺子；走进蒙古包，可以去品尝香喷喷的奶茶。

(5) 稳定性与变异性

民俗一旦产生，得到社会的承认，就有很强的稳定性，约束着人们的行为和意识，并经久不衰地为人们所承袭。民俗的变异性是指随着社会经济和政治条件的变化，其形式和内容也会有新生和消亡的变化。

(二) 民俗风情类旅游资源的主要类型

1. 饮食

我国幅员辽阔，地大物博，各地气候、物产、风俗习惯都存在着差异，长期以来，每个地方的饮食文化都呈现出不同的风格和特征。我国一直就有"南米北面"的说法，口味上有"南甜、北咸、东辣、西酸"之分，形成了有名的鲁、川、粤、闽、苏、浙、湘、徽菜八大菜系。

从具体食物方面来讲，各个民族都有一些独特的风味食品。蒙古族人民世居草原，以畜牧为生，马奶酒、手扒肉、烤羊肉是他们日常生活最喜欢的饮料食品和待客佳肴。每年七八月份，牛肥马壮，是酿制马奶酒的季节。勤劳的蒙古族妇女将马奶收贮于皮囊中，加以搅拌，数日后便乳脂分离，发酵成酒。马奶酒性温，有驱寒、舒筋、活血、健胃等功效，是"蒙古八珍"之一。"手扒肉"是蒙古人传统的食品。做法是将肥嫩的绵羊开膛破肚、剥皮、去内脏、洗净、去头蹄，再将整羊卸成若干大块，放入白水中清煮，待水滚肉熟即取出，置于大盘中上桌，大家各执蒙古刀大块大块地割着吃。因不用筷子、用手抓食而得名。斟酒敬客，吃手扒肉，是草原牧人表达对客人的敬重和爱戴的方式。

2. 特色民居

由于中国疆域辽阔，民族众多，各地的地理气候条件和生活方式都不相同，因此，各地人民居住房屋的样式和风格也各不相同。在民居中，各族人民常把自己的心愿、信仰和审美观念等，用现实的或象征的手法，反映到民居的装饰、花纹、色彩和样式中去，如汉族的鹤、鹿、蝙蝠、喜鹊、梅、竹、百合、灵芝、万字纹、回纹等图案，云南白族的莲花图案，傣族的大象、孔雀、槟榔树图案等。这就导致各地区、各民族的民居呈现出丰富多彩和百花争艳的民族特色。在中国的民居中，最有特点的是北京四合院、西北黄土高原的窑洞、安徽的古民居及福建和广东等地的客家土楼。

3. 民族服饰

民族服饰指一个民族的传统服饰，不同民族基于生存环境、习俗文化等的差异，其服饰的发展变化也不尽相同。汉服是汉民族传承了数千年的传统民族服装，直到现代汉族人信仰的道教、佛教以及一些边远山民，还有国内许多少数民族都还保持着汉服的特征。

汉服的影响十分深远，亚洲各国的部分民族如日本、朝鲜、越南、蒙古、不丹等服饰，均具有或借鉴汉服特征。汉服的主要特点是交领、右衽、束腰，用绳带系结，也兼用带钩等，给人洒脱飘逸的印象。汉服有礼服和常服之分。从形制上看，主要有"上衣下裳"制（裳在古代指下裙）、"深衣"制（把上衣下裳缝连起来）、"襦裙"制（襦，即短衣）等类型。其中，上衣下裳的冕服为帝王最隆重正式的礼服，袍服（深衣）为百官及士人常服，襦裙则为妇女喜爱的穿着。普通劳动人民一般身着短衣，下穿长裤。配饰头饰是汉族服饰的重要部分，古代汉族妇女成年之后，都把头发绾成发髻盘在头上，以笄固定。男子常戴冠、巾、帽等，形制多样。女子发髻也可梳成各种式样，并在发髻上佩戴珠花、步摇等各种饰物。

4. 婚丧嫁娶

少数民族的婚恋形式多样，丧葬礼仪奇特，对游客具有较强的吸引力。走婚是云南省少数民族摩梭人的习俗，是情投意合的男女通过男到女家走婚，维持感情与生养下一代的方式。男性称女情人为"阿夏"，女性称男情人为"阿注"。走婚有两种方式：一种叫"阿注"定居婚；一种叫"阿夏"异居婚。不管哪种婚俗，都得举行一个古老的仪式——藏巴拉。仪式要在女方家举行，时间一般在傍晚。这个仪式是由男方家请一证人把求婚者领到女方家（男女青年早已有感情），不存在媒妁之言、母舅之命。在他（她）们的母亲及舅舅默认后才举行，男方家根据自己的经济状况，把带来的礼品按规矩放在火塘上方锅桩的平台上及经堂里的神台上，向祖宗行礼，向锅桩行礼，再向长辈及妈妈、舅舅、姐姐行礼，然后接受长辈们及姐妹们的祝福。"阿夏"必须按摩梭人装饰，从头到脚精心打扮。男方会得到女方精心用摩梭麻布亲手织成有摩梭特色的花腰带。当证人向"阿夏"的母亲、舅舅们交代完后，从此男女双方关系就公开化了。"阿夏走婚"不请客、不操办，这种古老的风俗又俭朴又省事，整个仪式一个小时即可完成。

我国各民族有不同的丧葬习俗，如火葬、土葬、水葬、天葬、塔葬等葬法，有的一个民族就有多种葬法。

5. 民族节庆

节庆活动是在固定或不固定的日期内，以特定主题活动方式，约定俗成、世代相传的一种社会活动。而民族节庆集各民族的心理伦常、精神气质、价值取向、审美情趣、文化表象为一体，是展现民族文化的窗口。

中华文明博大精深，育化出丰富多彩的民族节庆，如傣族"泼水节"、藏族"雪顿节"、羌族"祭山会"、哈尼族"苦扎扎节"、高山族"丰年祭"等民族节庆活动。泼水节是傣族最隆重的节日，也是云南少数民族中影响最大、参加人数最多的节日。泼水节是傣族的新年，相当于公历的四月中旬，一般持续3～7天。节日清晨，傣族男女老少就穿上节日盛装，挑着清水，先到佛寺浴佛，然后就开始互相泼水，互祝吉祥、幸福、健康。这期间还要进行划龙舟比赛，比赛在澜沧江上举行。一组组披红挂绿的龙舟在"堂堂堂"的锣声中和"嗨嗨嗨"的呼喊和哨子声中，劈波斩浪，奋勇向前，把成千上万的中外游客吸引到澜沧江边，为节日增添了许多紧张欢乐的气氛。

第四章　旅游资源运营管理

第一节　旅游资源管理体制

一、旅游资源管理体制概述

（一）旅游资源管理体制的内涵

管理体制是指如何设置管理系统，以及各级管理机构如何确定其管理范畴、职责权限、利益及其相互关系的制度准则和方法手段。它的强弱直接影响到管理的效率和效能，关系到管理目标与任务的完成。

旅游资源管理体制则是指协调与管理旅游资源开发与利用过程中所产生的各种复杂关系而制定的一系列富有约束力的制度规则和程序性安排，如旅游资源的管理机构、权限责任、利益分配、组织形式和保护方式。旅游资源管理体制渗透到旅游资源管理的各个环节，是保障旅游资源有效开发的重要条件，也是实现旅游产业可持续发展目标的重要手段。其本质属性表现为以下三个方面：

首先，组织形式是旅游资源管理体制的具体表现形式。不同国家或地区根据区域旅游资源属性、旅游管理制度与管理模式差异，采用不同的旅游资源管理组织形式，并依法设立明确的旅游资源管理组织机构和人员结构。具体形式有以下三种：旅游资源管理权力主要归属于旅游行政部门和相关行政部门的集权制模式；依据旅游宏观管理职能而分权于不同层次的旅游行政管理部门和旅游行业组织的分权制模式；以旅游行政管理部门为主、相关行政管理部门或旅游行业组织为辅的混合制模式。

其次，权责划分是旅游资源管理体制的关键。明确各部门之间、政企之间的权利与责任，是保障旅游资源可持续利用和有效开发的关键。因此明确划分旅游资源管理部门和相关部门的管理职权与责任，是旅游资源管理体制的核心问题。主要包括旅游行政管理部门与旅游行业组织、旅游企业以及相关行政管理部门的职权和责任的划分。

再次，管理制度是旅游资源管理体制的重要保障。旅游资源管理制度是一种约束性安排，是在旅游资源开发和利用中应严格遵守的行为规范与准则的总称。在旅游资源管理体制中，旅游资源宏观管理制度、旅游行业管理制度是最基本的制度。旅游宏观管理制度是国家对旅游资源利用、旅游资源经营进行规范和管理的制度。旅游行业管理制度则是由旅游行政管理部门和旅游行业组织对旅游资源利用主体和相关行业开发利用者进行规范与管理的制度。

（二）旅游资源管理体制的构成

1. 管理主体

管理主体一般包含三个方面，即政府旅游管理部门、旅游行业组织、旅游单体（企业或个人）。

政府部门包括国家和地方各级旅游管理部门，以及林业主管部门、文物局、行政主管部门等各级相关资源管理部门，其主要职能是运用法律、经济和行政手段，对旅游资源开发利用活动及其组织者进行监督、管理和调控，保证旅游资源可持续发展的政策、战略及规划能够得以实现。

旅游资源管理行业组织是政府与企业之间的中介组织或社会团体，如中国旅游协会、中国旅游景区协会、中国旅行社协会、中国旅游文化资源保护委员会、自然资源保护协会等，其主要职能是协助旅游政府部门管理和保护旅游资源，维护良好的旅游资源开发市场秩序，推动旅游业可持续发展。

旅游单体是指对旅游资源拥有开发利用、经营管理和保护等权利和义务的旅游企业或个人。其主要在股份合作制、个体经营模式等旅游资源管理模式下，对旅游资源对象进行开发、经营与保护。

2. 管理对象和管理内容

旅游资源管理体制的管理对象是各类旅游景区、景点或旅游吸引物，如森林公园、自然保护区、世界文化遗产、历史文化名城（村、镇）等。

其管理内容是指通过长期和短期计划指导旅游资源的开发模式和发展方向；建立执法队伍、经营管理和服务人员组织，制定必要的规范和标准，以便于对资源进行监督、管理和保护；提供旅游资源价值评估、市场调查和讲解服务；优化配置旅游资源，合理开展相关项目开发；组织全行业的宣传推广，开展国际交流与合作，增强旅游景区（点）的知名度和国内外合作力度；合理分配利益，协调各行业、部门之间的关系，以及与社区居民的关系，发挥社区参与、大众监管作用，形成有利于资源可持续发展的管理体系。

（三）旅游资源管理体制的影响因素

纵观国内外旅游资源管理体制不难发现，不同旅游资源管理体制模式的选择受到诸多因素的影响。

1. 旅游资源属性特征

旅游资源管理组织的构建应首先综合考虑旅游资源价值、类型等属性特征，以自然资源为主的地区，旅游资源管理部门往往与环保管理、林业管理、水利管理部门相结合；依托文化类旅游资源的地区，旅游资源管理往往与文化管理部门相结合；依托新型融合旅游资源的地区，旅游资源管理与农业农村部、体育部等相关部门合作发展。

2. 旅游资源的发展阶段与开发理念

旅游资源主管机构的职权高低和人员设置与地区旅游资源的开发程度、发展理念和发展阶段密切相关，也受到旅游业在该地区国民经济中的地位与作用的影响。生态发展理念和可持续发展目标引导旅游资源有序开发，这也是旅游资源发展成熟阶段的表现。

3. 旅游发展环境

区域旅游发展的经济环境、人文环境、生态环境和社会环境会影响旅游资源开发能力和管理效率。经济发达、生态环境良好和社会关系和谐的地区，其旅游发展程度越高，旅游资源管理效能越突出。

二、中国旅游资源管理体制

我国从中央到地方各级政府已经建立了以环境保护部门为主管的，各有关部门相互分工的环境保护管理体制，初步形成了国家、省、市、县、镇（乡）五级管理体系，对环境保护起到了组织保障的作用。但是，旅游资源的保护比一般的环境保护还要复杂得多，一般环境保护的范围仅仅局限在自然生态环境，而旅游资源则不仅包括自然生态资源和生态环境，还包括人文旅游资源和旅游人文社会环境。因此，针对不同类型的旅游资源，我国分别出台了一些管理办法，形成了不同的管理体系，下面主要阐述世界自然遗产旅游资源和森林公园的典型管理模式。

（一）世界自然遗产旅游资源管理体制

管理模式方面，我国对世界自然遗产资源管理实行的是属地管理模式，即将管理权力下放，由行政级别较低的市、县级政府管理。属地管理的内涵主要体现在管理负责人的人事任命、资源管理权和财务管理权。例如，黄山由黄山市、泰山由泰安市、峨眉山由峨眉山市管理。

管理组织体系方面，我国世界自然遗产地的各类资源虽然分别由相对应的职能部门管理，各部门在业务指导上都有一套自上而下的垂直管理系统，但实际上我国对世界自然遗产实行的是分级管理体制。有些世界自然遗产资源管理组织体系还呈现多头管理的特征，由建设部门、教育部门、林业部门、国土资源部门等多个部委统一管理。

管理机构方面，我国世界自然遗产资源的管理机构包括四种类型。①政府机构型。在世界自然遗产景区设立人民政府，对其直接实施政府管理。除遗产景区的各项事物外还管理所辖范围内的公安、工商等各方面事物。如世界自然遗产资源——武陵源风景名胜区成立的一级政府。②准政府机构。在世界自然遗产景区设立管理委员会或者管理局等专门机构，隶属于上级政府或者上级政府委托当地政府代管，负责自然遗产景区具体工作。③协调议事型。由自然遗产景区所在地政府牵头，各有关单位作为成员部门参加，成立自然遗产景区管理委员会，对自然遗产景区的管理主要行使组织协调职能，其办公室设在某一个主要职能部门或者单位。④跨区协调型。当一个自然遗产景区跨越几个行政区域时，设立协调作用的管理委员会，负责总体规划和详细规划，分别交给各行政区自然遗产景区施行，并负责监督检查日常景区的工作，协调处理问题，此类机构没有实际权利，起不到很好的作用，但这是当前普遍存在的一种管理结构类型。

（二）森林旅游资源管理体制

1. 审批制度

我国森林公园和自然保护区的建设采取申报制度。建立国家级森林公园，由省林业主管部门提出申请，国家林业主管部门审批；建立省级、市级（县级）森林公园，由相应省级、市级（县级）的林业主管部门审批。建立自然保护区，由地方行政主管部门提出可行性报告，交由当地环保局审查，若是地方级自然保护区，则由当地政府审批；若是国家级自然保护区，报中央政府审批。由于全国缺乏统一的森林公园和自然保护区总体发展区划和规划，地方发展森林公园的积极性很高，有关机构在审批时较少考虑已有森林公园的地理分布情况，过多考虑景观价值和游人喜爱程度，森林公园的等级评价不科学、主观性较大，审批不严格，导致森林公园规模递增而增长质量却得不到保障。

2. 管理机构

森林旅游资源管理机构是为社会提供公益性服务和公共产品的职能单位，被授权行使某些政府的行政职能，对其占有、使用的非经营性旅游资源主要承担监督管理、保护的责任，对经营性资产通过代行出资人代表的地位、收取产权收益，保证社会事业的职能得以履行。我国森林公园、自然保护区、风景名胜区管理机构名义属于事业单位，但实际上管理模式却是企业化经营，经济上是财政拨款和盈利创收，自负盈亏。这种管理模式虽然可以解决政府的资金短缺，避免财政拨款中出现的种种经济问题，但也会造成企业经营者盲目追求利润、过度开发和利用风景资源等不当行为，甚至在保护与开发、国有资源收益与资产流失的权衡时，以环境换效益，侵占国有收益扩大自身利润，从而损害国家利益。

3. 管理权限

从宏观管理体系看，森林公园、风景名胜区、自然保护区分别属于不同的行政部门管理，森林公园和多数的自然保护区属于林业部门管理，部分自然保护区属于环保部门管理。许多森林公园、自然保护区、风景名胜区以及地质公园范围重叠，或森林公园、自然保护区归属于风景名胜区，接受风景名胜区管理委员会管理。从景区内部管理体系看，由于森林旅游资源具有多样性，以森林旅游资源为依托的旅游区内除森林景观资源外，还有文物、水利等旅游资源，在同一景区内林业、建设、文物、水利、环境保护等部门有管理权限，部门间管理职能交叉重叠，矛盾不断。从中央与地方的关系看，国家森林公园、国家风景名胜区和国家自然保护区应当由中央政府管理，由于财力有限，绝大多数国家级森林旅游资源委托给地方政府管理，实际上中央、省、市、县、乡各级政府都能管理。由于地方政府负担管理机构人员组成、工资待遇、经费开支等，国家林业主管部门只对保护区进行业务指导，在处理旅游与资源保护的关系上，地方明显有重旅游轻保护倾向，一边是业务主管，一边是衣食父母，管理者很难做到依法与之抗衡。部门利益、地区利益导致过度开发、重复建设，错位利用森林旅游资源，造成旅游特色资源和景观的破坏。

4. 管理模式

中国森林旅游资源管理模式多借鉴国外森林公园体系，结合中国森林资源现状，形成以下四种典型管理模式（见表4-1）：

表4-1　　　　　　　　中国典型森林旅游资源管理模式

管理模式	特点
直接管理模式	管理机构实行全额事业单位，对管理人员以及资源管护人员定编定额，工资由政府拨款，日常管理支出纳入政府（中央）年度预算，旅游设施、森林培育、森林防火、病虫害防治以及环境保护等建设项目单独申请，专项拨款

续表

管理模式	特点
授权经营管理模式	政府将旅游资源管理权授权给景区管理机构,经营权授权给国有旅游(集团)公司,所有权和经营权分离,管理职能与经营职能、开发职能与保护职能分别由不同的部门或机构承担
非经营性项目定额补贴,经营性项目委托管理模式	非经营性项目由森林旅游资源管理机构负责,主要包括资源维护、旅游规划和监督管理工作,不直接从事旅游开发,其主要经费来自政府定额补贴;经营性项目采取面向社会招商引资,采取承包、经营权转让以及组建股份制企业等方式经营管理
委托管理模式	在政府的统一规划下,所有者将旅游资源经营权全部通过契约规定让渡给受托方,受托方是旅游资源经营的主体,在产权主体的授权范围内自主经营,并承担旅游资源维护改造的任务,所有权与经营权分离,开发权与保护权统一

(1) 直接管理模式

直接经营管理方式是指旅游景区管理机构作为政府的派出机构代表中央政府对其控制的旅游资源进行直接经营管理。这种体制的主要特点是,管理机构是全额拨款事业单位,对管理人员以及资源管护人员定编定额,工资由政府拨款,日常管理支出纳入政府(中央)年度预算,旅游设施、森林培育、森林防火、病虫害防治以及环境保护等建设项目单独申请,专项拨款。具体的经营性项目,可采用特许投标、特许经营的模式,由企业负责经营,景区门票收入、特许经营收入等一律上缴财政专项账户。管理机构既是旅游资源的所有权代表,具有某些行政职能,又是旅游资源经营主体,既负责资源和环境保护,又负责旅游开发,所有权与经营权、开发权与保护权统一,但管理机构不必考虑盈利情况。这里的特许经营是指为了引入市场机制,提高效率,特别准许通过招投标的办法引入企业来代替政府或管理机构,并在政府或管理机构的严格监管之下开展旅游开发活动。特许经营一般是分散的，小项目由企业经营，获得授权的企业在管理机构的监督下生产或供给实现约定的产品或服务业，管理机构处于垄断地位，特许经营不同于景区整体经营权的转让。

(2) 授权经营管理模式

授权管理方式是指政府将旅游资源管理权授权给景区管理机构，经营权授权给国有旅游（集团）公司，所有权和经营权分离，管理职能与经营职能、开发职能与保护职能分别由不同的部门或机构承担的管理模式。管理机构负责总体规划、详细规划的制定和组织实施，资源保护，门票价格的拟定，景区内旅游开发监督管理和协调工作，只管理不经营。营林及资源保护部分，实行事业发展职能机制，经费靠政府（地方）拨款，保证有固定的资金来源渠道，以有利于森林资源的扩大与保护。旅游开发如饭店、交通、索道等经营性项目，以及景区宣传和品牌打造等工作由国有旅游（集团）公司独家经营，旅游公司通过交纳专营权费的方式获得经营权，同时，门票管理权归旅游公司，政府在门票收入中提取一定比例的资源保护费。该模式适用于生态型为主、观赏型为主的国家二级森林旅游资源。

(3) 非经营性项目定额补贴，经营性项目委托管理模式

这种模式是指森林旅游资源管理机构负责资源维护、旅游规划和监督管理工作，不直接从事旅游开发，但其经费不全部来源于政府拨款，政府根据旅游区的实际情况，按一定标准给予一定数量的补贴，或按森林面积给予森林生态效益补偿。管理机构负责门票征收工作，门票收入主要用于日常管理开支、资源保护和设施维护。对旅游开发部分即经营性项目如饭店、交通、索道、经营零售点以及文化娱乐项目等，在不改变原有旅游资源权属和隶属关系的前提下，面向社会招商引资，采取承包、经营权转让以及组建股份制企业等方式交给有经营能力的单位，按市场经营职能，实行企业化管理。经营者可以是原管理机构内部分离出来的旅游开发公司，也可以是国内外其他企业，鼓励国内外企业和外商来景区内投资。该模式适用于以观赏型为主的国家二级森林旅游资源以及持续利用型的森林旅游资源。

（4）委托管理模式

委托管理模式是指对级别较低的森林旅游资源，放宽政策，在政府的统一规划下，所有者将旅游资源经营权全部通过契约规定，在一定条件下和一定时期内让渡给受托方，从而实现旅游资源经营权的有条件转移，受托方是旅游资源经营的主体，在产权主体的授权范围内自主经营，并承担旅游资源维护改造的任务，所有权与经营权分离，开发权与保护权统一。具体方式可以是经营权转让的方式，也可以将经营权作价入股组建股份制企业。值得注意的是，不论哪种方式，政府提供的是资源经营权而不是资源本身，不管经营权占股权多少，森林旅游资源的所有者代表当地政府或资源主管部门都有绝对监督管理权，若经营者不履行合约规定，只开发不保护时，管理机构可以收回经营权，因此，这里的经营权也可以叫特许经营权。森林旅游资源经营权转让要向社会公开招标，坚持好中选好、优中选优，确保利用资源经营权真正转让给那些懂经营会管理、资金实力雄厚的企业或个人。

在转让经营权时，政府要与经营单位签订资源保护、环境建设责任书，明确规定资源保护的目标和标准。旅游资源所有权与经营权分离后，作为政府部门，要建立一套健全的管理制度和强有力的监督约束机制，重点抓好规划管理，严把规划审批关，对建设项目要认真评估、审核，既保护投资商的合法经营，又要确保景区开发规范有序，资源利用科学合理。该模式适用于生态型为主和观赏型为主的地方级森林旅游资源，以及持续利用型的森林旅游资源。

第二节 旅游资源产权管理

一、旅游资源产权管理理论概述

（一）旅游资源产权管理的概念

产权是以所有权为基础的各种权利的总和。具体来说，产权是根据某种目的对旅游资源加以利用或处理，以获得经济利益的权利，如所有权、使用权、转让权、出借权、消费权、收益权和其他与财产相关的权利，也是用于确定每个人在使用稀缺资源时其地位的经济和社会关系的总和。

旅游资源产权是在旅游资源开发、利用、保护与管理过程中，确定各相关利益者之间利用旅游资源的权利与义务的行为规范或准则。旅游资源产权管理是根据旅游资源管理及其有关部门所制定的法律和制度，确定旅游资源所有权、占有权、使用权、收益权和转让权等产权关系进行界定、利用、监督与管理的过程。

(二) 旅游资源产权管理的特征

1. 有界性与有限排他性

旅游资源产权之间拥有明确的界限，因而旅游资源产权管理权利有一定限度。旅游资源产权管理应确定不同类型、不同份额、不同主体之间的旅游资源产权界限，通过分解、分离、分配等方式明晰权利划分规则，以发挥其约束和限制作用，促进旅游资源有效利用。

旅游资源产权有界性又决定了旅游资源产权归属于特定权利主体，该权利主体在其产权管理范围内拥有阻止其他主体进入其资产权利领域来保护自身的权利，换句话说旅游资源产权主体对特定权利管理方面具有有限排他性或者说相对垄断性，同时需要承担产权行使的后果，有利于避免产权滥用和资产资源的损耗。

2. 外部性与内生性

旅游资源的开发、利用与管理应以保护旅游资源完整性、原真性及均衡性为前提，而不是以经济利益最大化作为唯一目标。旅游资源开发与消费过程中存在破坏环境、损耗资源、污染空气等外部负效应，根据科斯定律，产权不明晰是其根本原因。若旅游资源交易成本为零，通过市场交易、自愿协商、调整产权结构等方式达到资源的最优配置，消除外部性；若交易费用不为零，制度安排与选择则是资源产权管理关键。

旅游资源具有脆弱性、不可再生性、经济与非经济价值不可分割性等内生属性，这决定了旅游资源保护是旅游资源产权管理的首要任务。旅游资源管理部门需要通过一定手段和方法加强旅游资源保护，协调旅游资源产权主体的关系，将外部不经济性转化为内部经济作用。

3. 分解性与交易性

分解性是指旅游资源产权可归属于不同主体的多项产权的特征，即所谓的"一物多权"，以满足不同管理主体的不同需要，有利于提高旅游资源配置的效率。如碧峰峡景区将所有权、经营权与行政管理权分离管理的"三权分离"模式。另外，旅游资源产权具有可交易性，产权主体通过出租或转让权利等方式自由处置所有资产，发挥旅游资源产权的激励或约束功能，实现旅游资源优化配置。

（三）旅游资源产权管理的内容

旅游资源产权管理是针对多种旅游资源产权关系进行管理的过程，其管理内容主要包括：

第一，所有权，是指在旅游资源开发过程中旅游资源归属于哪些所有者，这些旅游资源所有者为利用旅游资源实现对旅游资源独占利益而在法律范围内可采取的措施与手段，以及所拥有的权利，包括使用权、收益权、处分权以及转让权等；

第二，占有权，是旅游资源利益主体对旅游资源有形和无形资产进行实际占领、控制和支配，并限制他人使用和破坏的权利。占有权先于所有权而产生，也是使用权的前提，在旅游资源开发过程中，所有权和占有权主体可被同一主体支配与控制，也可分属于不同主体；

第三，使用权，是指自然人或法人按照旅游资源资产的性质与功能，通过政府契约或授权等方式使用旅游资源以满足生产或生活需要的权利，包括消费性和生产性使用旅游资源的权利，这些权利不仅受一定标准和法规约束，而且还受到社会道德和习俗的约束；

第四，管理权，是指依据国家法律，国家行政机关执行法律、实施行政管理活动的权利，以及确定如何使用和谁来使用旅游资源的权利，是经营权有效运行的保障；

第五，收益权，指在不损害他人利益的基础上，享受旅游资源运营过程

中各种收益的权利;

第六,转让权,指通过出售或出租把旅游资源的所有权或使用权让渡给他人的权利,如地方政府以承包、合作等方式将旅游景区的使用权转让给企业,提高景区的效益。在乡村旅游开发过程中,农户建设农家乐,让渡自己房屋的使用权以获得土地租金。

按财产的二元所有制形式,可将旅游资源产权管理分为公有产权和私有产权管理。私有产权是指属于个体的产权,并能够由所有者支配以获得利益的权利。旅游资源私有产权管理是对等私有旅游资源开发过程中的成本与收益、旅游资源利用的收益与效率的测量评估和经济分析,为旅游资源决策提供依据,如非物质性文化资源的开发与传承。公有产权是指旅游资源归国家所有,按照相关标准确定使用或不可使用的权限。公有产权重视旅游资源的公平配置和完整性等社会成本与收益问题,如自然旅游资源开发价值评估,形成合理的景区票价。

二、旅游资源产权管理模式

不同国家由于资源环境、管理体制和经济基础差异形成了多种旅游资源产权管理模式,包括中央集权型、地方自治型和综合管理型等。

(一)国外旅游资源产权管理模式

世界各国依据资源禀赋、管理制度和发展水平的差异,形成了不同产权管理模式,主要包括四种(见表4-2):

表4-2　　　　　　　　国外旅游资源产权管理模式

产权管理模式	特征	典型案例
中央集权管理模式	森林公园、海水浴场等旅游资源由中央政府统一、综合管理,旅游资源的所有权归属于土地所有者	美国国家公园 韩国国立公园
地方自治管理	旅游资源所有权与经营权相分离,由地方政府全面负责旅游资源的保护与开发	德国国家公园

续表

产权管理模式	特征	典型案例
分权管理	管理方式灵活多样、社区参与度较高、利益相关者协调管理、以生态为中心的分权管理模式	英国国家公园
综合管理	融合中央集权和地方管理两种体制,中央和地方共同承担	日本自然公园

1. 中央集权管理模式

中央集权管理模式是将森林公园、海水浴场等旅游资源由中央政府统一、综合管理,旅游资源的所有权归属于土地所有者,如美国、加拿大、韩国等国家便是实施垂直经营体制,由中央政府下设组织机构统一管理公园。

美国旅游资源管理体系由国家公园、国家森林、国家野生动物保护区、国土资源保护区、州立公园和博物馆等管理机构组成。美国国家公园管理体系最为典型的集中管理模式,即以中央集权为主、以其他部门合作和民间机构协作为辅的联邦政府垂直管理模式,规定所有资源归国家所有,将经营权与管理权相分离,由政府预算拨款用作国家公园基本运营经费,如提供基本游览服务、资源保护、设施维护、接待科研教育等公益活动等,公园的门票收入、社会捐赠、特殊项目酬金等资金在一定程度上可缓解政府财政压力;对公园的商业服务项目实行特许经营模式,面向社会公开招标,利用市场化运营提升游客体验,如餐饮服务、旅馆服务、旅游线路服务、娱乐体验服务等。

2. 地方自治管理

地方自治管理模式是指将旅游资源所有权与经营权相分离,由地方政府全面负责旅游资源的保护与开发。德国国家公园管理属于地方管理模式,国家公园经营权、土地占有权与管理权归地方政府所有,日常经营与管理由国家公园管理处负责(隶属于所在地县议会),其管理经费由当地政府拨款,管理内容主要包括国家公园的资源保护、规划策划、日常管理、考察研究、科普教育等。

澳大利亚森林公园管理采用分权管理模式,将所有权与经营权相分离,各州政府对其管辖范围内的国家公园资源拥有所有权,经营项目则由符合条件的企业或个人经营,国家公园局负责制订公园管理计划,基础设施建设和对外宣传,核定和发放经营许可证、监督经营承包商的经营活动。国家公园不以营利为目的,国家每年投入大量资金建设国家公园,公园内的一切设施,包括道路、野营地、游步道和游客中心等均由政府投资。资金由联邦政府专项拨款和各地动植物保护组织募捐组成,资金管理实行收支两条线,生态旅游所得收入并非用于工作人员的报酬,而是等同于政府拨款,有专门的机构负责,公园管理机构不参与管理。旅游收入用于资源保护和科学研究,保证有充足的资金支持和雄厚的科研技术力量。比如维多利亚国家公园局每年预算达亿元,主要是财政拨款和市政税收,而本身的经营收入仅万元左右。

3. 分权管理

英国是土地私有制国家,国家公园中的土地所有权归属主体复杂,包括个人、慈善机构和当地政府,因此为平衡国家公园土地私有性和公共性、生产性和保护性等矛盾,形成了独具英国特色、管理方式灵活多样、社区参与度较高、利益相关者协调管理、以生态为中心的分权管理模式。英国国家公园的经费主要来源于中央政府财政拨款,由统一的公园管理机构进行管理。1977年英国成立国家公园委员会,从国家层面对国家公园进行统一管理和保护,1995年《环境法案》发布后,国家公园委员会逐渐成为独立于地方政府的机构,具有一定自主权和灵活性,其成员不仅来自地方政府官员,还有社区和业界代表。国家公园管理局是国家公园的主要管理机构,负责制定地方层面的公园管理规划,提供土地管理手续、小规模工商旅游业开发等审批服务,以及创造社会经济福利等具体事务。国家公园管理局的管理工作需要乡村委员会、英格兰自然署等地方政府部门、旅游局、环保机构和非政府组织的协作,以及地方议会、社团及社区居民参与,当地社区具有话语权。英国独特的管理体制难以复制,其公益性特征、生态思想、社区参与和灵活管治模式等值得我国借鉴。

4. 综合管理

日本自然公园的经营管理采用"综合管理模式",即融合中央集权和地方管理两种体制。中央和地方共同承担。日本国家自然公园按照资源等级由国家和地方共同管理,同时国家环境署、当地政府、特许承租人和当地居民等共同参与管理,国家环境署和地方共同负责公共设施建设,地方团体和个人可参与经营,依照规定部分基础设施实行特许经营。

(二) 中国旅游资源产权管理模式

我国旅游资源在类型、属性、等级、开发条件和发展程度方面存在差异,再加上国家法律体系、经济体制和旅游管理制度的影响,决定了旅游资源产权管理模式要因地制宜,并随着社会的发展因时制宜,形成科学合理的制度安排。总体来讲,我国旅游资源丰富,形成了具有中国特色的产权管理模式,主要包括以下几种典型模式:

1. "政企不分"的国有国营模式

该模式是指资源所有权归属于国家,管理权和经营权集中于景区的管理机构。中华人民共和国成立初期,由于计划经济体制的影响,多数旅游资源作为公共资源的一部分,遵循公共资源产权制度安排,产权归国家或集体所有,禁止市场交易,政府不仅是旅游资源的国家所有权或集体所有权的代理人,也是旅游资源的供给方、经营者或分配者。

目前,我国对于世界遗产、国家级自然保护区等以保护为首要目的的旅游景区,仍采用国有国营模式,产权归属于国家授权的景区管理机构(如景区管理局、管理委员会、管理处等)。特别是遗产类旅游资源兼具教育和文化传承功能,其开发与管理应以保护为主要目标,以非营利性作为发展原则,实施国家专营模式。如四川九寨沟景区、云冈石窟、秦始皇兵马俑博物馆、颐和园等景区对资源的管理就是实行这种管理模式。

国有国营模式没有进行产权分割重组,易造成所有权、经营权、管理权三权混淆,国家所有权虚设。景区资源不是受到中央政府的直接管理,而是采用属地管理模式,受到地方政府相关职能部门的管辖,造成管理机构与职能部门之间没有相互制衡的作用,以行政管理关系取代产权管理关系,以管理权代行所有权权能，缺乏针对经营管理、资源保护的职能监管，导致资源滥用、过度开发、低价使用，旅游景区管理"政企不分"。

2."三权分离"的国有民营模式

"三权分离"是将景区及其内部资源作为商品由企业进行市场化经营的模式，将旅游资源的狭义所有权与由使用权、收益权和处分权组合形成的经营权的分离，其核心是"国家所有、政府监管、企业经营"，包括租赁经营、合资经营、承包经营、独资经营、项目特许经营及合作经营等多种表现形式。碧峰峡景区采用整体租赁模式，所有权归属于政府，经营权通过租赁合同的形式转让给企业。

在该种模式下，相关主体应承担相应的责任与义务，地方政府拥有所有权，并设立管理机构行使景区行政事务管理和资源管理权，监督企业对资源的开发与经营；企业拥有经营权，承担资源保护、景区建设、日常经营等工作。通过政府统一规划，按照企业化运作模式，将景区政企分开、事企分开，不仅强化了管理机构职能，而且有利于吸收投资资金和经营经验，将长期垄断经营与资源保护捆绑，促使资源利用的外部负效应内部化，提高旅游资源开发效率。与此同时，"三权分离"模式由于制度保障缺乏、经营权转让市场不规范、监督体系不完善、激励体制不足等问题，以及企业追求利润的本性驱使，使得旅游资源开发与保护出现非均衡发展，需要地方管理机构强化监督管理职能，加强对企业的制衡作用。

3.上市公司模式

上市公司模式是指景区管理机构委托挂牌上市的股份公司作为景区资源和资产的独立经营管理主体，统一负责景区旅游资源的开发利用和资源保护，并赋予上市公司包括景区门票收益在内的经营权，以及景区垄断性经营权。具体来说，该模式下的景区所有权代表是景区管理机构，其经营权归属于景区管理机构委托的上市公司。上市公司经营的旅游景区的管理模式有以下特点：

首先，国家控股的上市公司为其经营主体。该模式下景区旅游资源产权进行了分割重组，但其经营主体是国家控股的上市公司，相对于一般性企业来说，上市公司具有筹资的开放性、管理的规范性和规模的效益性，有利于旅游资源开发。其次，采用行政级别高、管理力度大的准政府型管理体制。上市公司经营管理的景区大部分为资源品味高、影响力大、社区关系复杂的景区，其资源管理保护任务重、难度大，因而该类景区的管理机构一般为级别高、管理权限大、授权多的政府机构，形成由当地政府主要领导任管委主任、上市公司董事长共同管理的两位一体管理模式，统一开展景区管理和资源保护工作。再次，景区管理机构是景区所有权的代表组织，又是上市公司的控股股东，管理机构与上市公司之间是委托代理关系。最后，景区经营为核心业务，景区门票收入是主要收入，上市公司承担着巨大经营压力和资金负担，使得景区资源开发与资源保护之间存在矛盾。另外，景区管理机构与上市公司之间的黏连关系，也会带来景区资源开发与管理风险。

三、中国旅游资源产权管理特征

（一）国家始终是旅游资源的所有权主体

《中华人民共和国宪法》规定矿藏、森林、草原、荒地、水流、山岭等自然资源，归国家或集体所有。《关于加强风景名胜区保护管理工作的通知》规定风景名胜资源归属于国家。

（二）行政管理代替产权管理

政府代表国家管理旅游资源，以旅游资源的行政管理代替旅游资源的产权管理。风景名胜区的所有权归属于国家并由政府代理行使管理权。国务院发布的《风景名胜区管理条例》指出风景名胜区所在地县级以上地方人民政府设置的风景名胜区管理机构，负责风景名胜区的保护、利用和统一管理工作。《水利旅游管理办法》规定水利旅游区管理机构为水利工程管理机构，负责水利旅游区的开发、建设、经营与管理。政府代表国家行使管理权，保护产权制度正常运行，决策旅游资源如何开发、如何定价，获得税收以补偿公共产品，通过多种有偿使用方法利用旅游资源。

（三）旅游资源管理部门分割

我国实施旅游资源管理权的行政管理机构包括旅游行业主管部门、文物局、林业和草原局、风景名胜区管理委员会、地方政府等，按照管辖范围和法律规定各有分工，各司其职。如世界遗产资源产权管理方面，我国遗产资源产权名义上归国家所有，实际上是部门和地方所有制。相当数量的遗产管理机构并不掌握遗产资源的产权（如土地权、林权等）而只有对资源的部分管理权。我国多数遗产经营管理为政企合一、自收自支，少数以经营权转让方式全盘转移给公司进行市场化经营。遗产资金管理方面，我国以地方财政拨款和地方经营筹资为主。遗产监测管理方面，我国遗产监督以地方政府监管为主，上级业务主管部门统筹为辅。人事管理方面，管理人员由遗产地政府人事管理部门任命，学历无严格要求，岗前业务培训无严格规定。

第三节 旅游资源质量管理

一、旅游资源质量管理概述

（一）旅游资源质量管理的定义

1. 质量及质量管理

随着世界经济的发展和国际竞争的加剧，质量逐渐成为企业在竞争中生存的关键因素，以科学质量方法和质量技术为基础的质量管理应运而生，对提高产品质量和竞争力具有重要意义。

质量又称"品质"，是实体的固定特性满足规定或潜在需要的程度（国际标准化组织），其中固有特性主要是指事物内在的本来拥有并永久存在的特性，需要则是潜在的或必须履行的要求或期望，并且质量是针对过程、产品、体系的动态发展要求，会随着时间、环境、地点等要素的变化而发生改变。

面对日益激烈的商品竞争以及科学技术的不断发展，质量管理思想逐渐形成。随着现代管理科学的发展，质量管理已经成为一门独立的管理科学——质量管理工程。根据 ISO9000 中质量管理的定义，质量管理是"在质量方面指挥和控制组织协调的活动"，是通过制定方针、质量策划、质量控制、质量保证和质量改进等多个环节对质量相关的要素进行指挥、控制与组织,以保障全部管理职能得以实施的所有活动。

质量管理历经以预防废品为表现的质量检验阶段(QI)(20世纪初至20世纪40年代初),以防检结合、以防为主的统计质量管理阶段(SQC)(20世纪40年代至20世纪60年代初),以对产品、工序和工作质量全面控制、以防为主的全面质量管理阶段(TQM)(20世纪60年代),质量管理方法、手段不断完善。如今,随着产品、服务质量社会化与国际化程度的加深,质量标准体系、质量控制与抽样理论愈加多元化和社会化,质量管理逐渐进入社会质量管理与全球质量管理阶段。

质量的形成与发展有规可循,质量管理应根据其特征在科学原理的指导下有序开展。现代质量管理遵循人本原理、过程监督原理和体系管理原理。首先,人本原理主要强调质量管理应以人为本,不断提高人才的质量,制定人员质量标准体系,加强人才培训与教育,充分调动人员的积极性,从思想和行为习惯等多方面形成质量文化特征,以提高质量管理效果。其次,过程监督管理是指对人、财、物、信息等资源在输入与输出之间转换而增值的过程,是进行识别、构建、管理和改进的活动,以期创造和保持稳定持续的质量。再次,体系管理原理则是根据现实环境和情况,策划、建立和实施由组织结构、程序、过程和资源构成的质量体系,以保证实现质量管理目标。

2. 旅游资源质量与旅游资源质量管理

旅游资源质量是旅游资源个体或组合的固有特性能够满足潜在或规定需要的程度,也可以延伸定义为旅游资源为人类提供的有形或无形物质的内在本质特性,以及这些特性能够满足需要的能力及优劣程度。旅游资源质量的衡量不是以数量、规模为标准、只重视经济效益的发挥,而是关注旅游资源的生态、社会、经济等综合效益的发挥。可以从旅游资源本体类型特色、结构规模和价值功能进行判别,如珍稀度、典型度、组合度、利用度等指标,还可以从广义的旅游资源出发,对旅游资源本体之外的旅游人力资源服务水平、旅游景区质量等进行评价。

旅游资源质量管理是以实现旅游质量方针和目标为核心,对旅游资源的利用、改进与保护的过程，评价旅游资源的质量要素、质量特性和等级，不能仅局限于旅游资源本身，还需考虑旅游资源开发的环境要素，不仅包括现实价值，还包括潜在需要。横向层面包括对指定旅游资源质量策划、控制、保证等管理；纵向层面则包括制定质量方针和目标，对实现这些目标而制定的质量体系的维持与贯彻。

（二）旅游资源质量管理的特征

1. 旅游资源质量管理主体多元性

旅游资源管理主体类型多、层次复杂，地方政府、相关管理部门以及委托经营企业负责对旅游资源开发效益和质量进行监督、管理，这种管理权限往往存在空间交叠性、分布不均衡和利益冲突等问题，当资源保护与经济利益发生冲突之时，各相关利益主体之间矛盾重重，容易造成质量管理效率低下、资源受损。

2. 旅游资源质量管理客体复杂性

旅游资源本身具有复杂性、地域性和季节性等特点，旅游资源的调查、评价、开发、规划与经营要在综合考虑旅游资源本体属性的基础上，建立标准体系进行规范化管理，同时也应结合当地发展现状和旅游市场需求以便因地制宜、有效保护和优化资源配置。

3. 旅游资源质量管理思想动态性

旅游资源质量的评价标准存在区域与国别差异，并随着时间变化，游客对旅游资源的认知愈加深入，旅游资源的质量标准也会随之改变，因而旅游资源质量管理思想应因时制宜，符合时代特征、具有国际视野和匹配旅游资源属性。

4. 旅游资源质量管理手段多样性

旅游资源质量管理目标可通过标准体系、规划策划、政策法规、教育道德等多种手段得以实现，政府部门以政策法律法规为主，具有一定的强制约束力，旅游企业以制度和标准、规划策划为主，对本企业从业人员具有约束作用，而对于社区、公众则可采用教育的方式，增强大众旅游资源保护意识，用道德约束旅游行为，维护良好的旅游环境。

二、旅游资源全面质量管理

（一）全面质量管理概述

全面质量管理理念是在传统质量管理思想基础上发展起来的先进质量管理理念和技术方法。

全面质量管理（Total Quality Management，即 TQM），是根据顾客需要和期望进行管理的哲学。根据《质量管理和质量保证术语》中对全面质量管理的定义，可以将其理解为"一个组织以质量为核心，以全员参与为基础，采取多种科学管理方法，让顾客满意和组织成员及社会受益从而达到长期成功的管理途径"。全面质量管理要求全员树立"质量第一"的思想，坚持以顾客为中心、预防为主、以事实和数据为基础、过程方法、系统管理和保持持续改进的原则，对提高企业质量水平和竞争力方面起到积极作用，在制造业等领域得到广泛应用，并取得良好效果。20世纪90年代，欧盟借鉴全面质量管理思想，探讨旅游目的地竞争力提升途径，提出旅游目的地综合质量管理（IQM）发展理念，此后全面质量管理思想在旅游业中运用愈加广泛。

（二）旅游资源全面质量管理概念及特征

旅游资源全面质量管理是指旅游资源开发主体以质量为中心，以全员参与为核心，运用现代管理理论和技术方法，通过全过程的优质服务，实现全面满足游客需求的管理活动，具有全员性、全过程、全面性、全方法、预防性、可持续性特征。

1. 全员性

旅游资源开发者、经营管理者、从业人员、社区居民、游客等相关利益主体均在一定程度上对旅游资源质量起到直接或间接的影响，因此，质量管理应调动全员参与的积极性，做到人人有责，不断增强相关利益者人员素质和质量意识，提高游客满意度。

2. 全过程

从旅游资源调查、评价、规划、产品设计、经营管理到修整保护等全部环节，以质量为核心的持续管理过程，做到以预防为主，防检结合，重在提高。

3. 全面性

旅游资源质量管理的对象是广义的质量，是包括资源质量、产品质量、环境质量、服务质量、过程质量和工作质量等要素的全面质量体系。

4. 全方法

旅游资源质量管理应根据不同地区、不同类型的旅游资源禀赋特征，灵活运用科学管理方法和手段，统筹管理旅游资源影响因素，全面提高质量水平。

5. 预防性

坚持以预防为主，对旅游资源质量实行提前预防控制，防患于未然，形成"实控—预测—对策—规范"的预防环。

6. 可持续性

旅游资源质量管理最终归属在于实现持续的质量改进，促进旅游资源可持续开发与保护。不仅要让所有利益相关者有持续改进的思想，重视持续改进各个环节，而且要持续制订并落实具体质量改进计划，以不断提高产品和服务质量来增强游客满意度。

（三）旅游资源全面质量管理的组成要素

全面质量管理理论在生态旅游资源、乡村旅游资源、博物馆旅游资源等多种类型的资源开发与管理过程中得到广泛应用，经营管理者借鉴计划（Plan）—实施（Do）—检查（Check）—处理（Action），即PDCA循环过程，以游客需求为导向，以可持续发展为目标，有效提高了旅游资源质量管理水平。根据PDCA循环原理，可将旅游资源全面质量管理分为质量规划、质量管理、质量评估和质量提升四个构成要素。

1. 质量规划

质量规划是全面质量管理循环的起点。通过合理的规划，有助于确定旅游业发展类型、数量、地点和时间，同时又可为旅游地带来良好的经济、环境、社会、文化等效应。旅游资源全面质量管理始于旅游规划，旅游规划的质量及其执行情况直接影响着旅游资源发展目标、旅游资源评价、旅游资源开发模式、旅游目的地的发展方向、旅游环境建设等。信息时代背景下，遥感、地理信息系统、虚拟仿真技术等新型技术手段的运用是保证旅游规划质量的前提，加强对旅游资源与环境的动态监测，及时修编旅游规划，使旅游规划能够适应动态变化的市场特征和资源环境。因此，旅游资源管理应重视旅游规划，并以此为起点，形成全面质量管理的持续改进。

2. 质量管理

旅游资源质量管理即执行旅游规划，有序开展旅游资源开发与利用等活动。其难点在于建立质量责任制，而质量责任制关键在于管理组织（主体）的构建。旅游资源全面质量管理中首先需要明确规定各部门、各级别各类人员的任务、职责和权限，优化管理机构职能与效率，并进行绩效考核，以保证旅游资源全面质量管理体系的持续性、有效性、适宜性和充分性。其次，旅游资源质量管理应合理配置组织和技术资源、设备和设施等物质资源、信息资源与信息交换、法律制度等资源，加强旅游资源安全、卫生、法制和信息管理。

3. 质量评估

旅游资源质量管理评估是对旅游资源开发质量进行监督管理的关键环节。旅游景区是旅游资源开发的载体，旅游资源质量管理评估需要依托对旅游景区进行质量等级评估，包括管理机构、规章制度及发展状况，旅游资源观赏游憩价值、历史文化科学价值、知名度、美誉度与市场辐射力等景区资源吸引力和市场影响力，景区交通等基础服务设施，安全卫生等公共服务设施，导游导览、购物等游览服务设施，电子商务等网络服务体系，游客评价系统等反馈服务体系，对历史文化、自然环境保护状况，引导游客文明旅游情况，投诉处理效率等内容。

4. 质量提升

根据旅游资源质量评估结果，发现存在的问题，总结旅游资源发展经验与教训，提出旅游资源质量管理提升策略。特别值得注意的是，旅游资源具有稀缺性和不可再生性，对于旅游资源及环境的保护是提高旅游资源品质和旅游资源全面质量管理效率的基础。旅游资源保护应贯穿于旅游资源规划、旅游资源开发、旅游资源经营管理等旅游资源开发利用的全过程，深入旅游资源所有者、经营者、管理者、开发者、观赏者与参与者等旅游相关者意识中，使得旅游资源保持原生性、本土特色。旅游资源保护性开发需要利用科技手段、经济手段、规划手段、宣传教育手段、政策法律手段等，保护旅游资源和旅游环境，提高旅游社区满意度，从而不断提升旅游资源的质量。

三、旅游资源质量标准化管理

（一）旅游资源标准化管理的概念

1. 标准化概念

标准是标准化领域中用来规范和统一人类社会各项生产工作和管理活动的技术性规定。我国对"标准"的定义是：为了在一定的范围内获得最佳秩序，经协商一致制定并由公认机构批准，共同使用和重复使用的一种规范性文件。

标准化是规范人类实践活动的有效工具，是通过制定和实施标准，以获得最佳秩序和社会效益为目标，对现实或潜在问题制定共同使用和重复运用条款的活动。20世纪80年代，标准化在旅游业中得到广泛运用。标准化是一项活动、一个过程；其对象不是孤立的一件事、一个事物，而是生产、经营、服务、管理等活动中的重复性事物和概念；其范围包括制定、发布标准及对标准的实施情况进行监督检查；其目的在于求得行业的最佳秩序和实现效益最大化，从而促进全行业高效、健康、有序发展。

2. 旅游资源标准及旅游资源标准化概念

根据国家标准化管理委员会对于"标准"的定义，结合旅游资源相关概念，旅游资源标准就是为了使旅游资源开发与利用活动获得最佳秩序，经协商一致并由公认机构批准，旅游资源经营管理者、旅游资源管理部门和监督部门共同使用和重复使用的一种规范性文件。

旅游资源标准化则是通过制定标准、贯彻实施标准和对标准实施情况的监督检查，对旅游资源的开发、利用、经营等活动中的重复性事物和概念进行统一管理，以求得旅游资源的最佳配置，促进旅游资源有效、健康、可持续的发展。

旅游资源标准化的对象是旅游资源开发、利用、经营等领域中的具有重复特性的事物和概念，涉及旅游资源管理主体、客体各个相关利益者。旅游资源管理标准化工作是国家标准化工作的重要组成部分，由原国家旅游局标准化主管部门组织实施，在业务上受国务院标准化主管部门指导，其主要任务有四个：针对旅游资源管理相关利益者组织制定有关旅游国家标准和行业标准；贯彻实施标准，并进行监督检查；指导和推动旅游资源管理企业开展标准化工作；推动旅游资源管理标准化各项工作的制度化和规范化建设，提高旅游资源的安全保障能力、质量水平和管理水平。

（二）中国旅游资源质量管理标准体系重构

1. 重构原则

（1）系统性

标准体系的构建是一项系统工程。旅游资源标准体系应根据"系统论"思想，将旅游资源极其相关载体如景区作为一个系统，根据其属性、类型来进行全面考量。

（2）协调性

标准体系中各标准之间是相互联系、相互约束和相互补充的，旅游资源标准体系构建应保持标准之间和标准体系之间的协调性，避免重复设置，以便于推广执行。

（3）动态性

标准体系不是绝对静止的，而是要根据不断变化的环境而不断改进。标准在一定程度上反映了科技和生产力水平，随着经济社会的发展，标准也要随之不断扩展和更新。同时，标准编制过程中，要综合考量旅游业现实需要、新型业态和新技术、未来发展态势，编制形成可扩充的、具有前瞻性的标准体系。

（4）国际性

旅游资源标准体系应借鉴国际标准和国外发达国家标准体系，吸收国内发达地区标准化发展经验，根据国际旅游资源与中国现实发展要求，构建与国际接轨、专业化、具有中国特色的标准体系。

2. 体系框架

旅游景区是旅游资源价值和吸引力的表现载体，旅游资源标准体系亦主要围绕旅游景区开展标准体系构建，根据旅游业标准体系总体框架，形成由旅游基础要素标准体系、旅游保障标准体系、旅游服务提供标准体系三部分组成的旅游资源标准体系结构图。其中旅游基础标准体系主要包括标准化工作导则、符号与标志、术语与缩略语、数值与数据等；保障标准体系包括生态环境与卫生、能源管理、人力资源、建筑设备与用品、安全应急与保险等；旅游服务与服务提供标准包括产品与服务项目设计、服务提供、产品与服务项目、服务质量控制和改进标准。旅游服务及服务提供标准体系的5个子标准体系形成了PDCA循环。其中，产品与服务项目设计标准是以满足游客需求为目的而开展设计活动的计划阶段，产品与服务项目标准是计划应达到的结果；服务提供（作业）标准是服务提供者为达到产品和服务项目标准要求的行动阶段；服务质量控制标准是对服务过程进行监督的检查阶段；服务评价与改进标准是对服务结果进行检查并持续提高其有效性和适宜性的改进环节。

3. 构建程序

前期准备工作。标准体系建设是个长期而复杂的工作，应首先通过学习相关资料和案例，实地考察分析，吸收国内外成功经验；其次要进行需求分析，探讨旅游资源标准的目标任务、开发现状、标准范围、时间期限以及资金预算等；最后，组织管理人员和专兼职标准化人才队伍，设立独立的标准化机构并明确工作职责，开展专业培训和宣传工作，激励相关利益者积极参与标准制定工作，营造良好的氛围。

管理诊断及反馈。运用企业管理诊断方法，深入景区（点）或企业管理过程，运用观察法，观察管理秩序、员工工作状态、资源环境美观度、游客体验感知、门票价格等外部环境。结合文档分析、调查问卷、深入访谈等方式全面了解经营管理状况，诊断资源开发与景区经营管理缺陷，通过PEST分析①、利益相关者分析、竞争者分析、SWOT分析等方法，找到原因并提出可行的改进方案。

体系构建。梳理管理要素和服务要素，确定管理标准体系，以及企业标准体系框架，编制标准体系框架明细表，并对其进行科学编号，然后编制标准化规划，为标准的施行提供依据。

标准编制、发布与实施。标准编写是标准化管理的核心工作，此项工作耗时长、专业强，需要多部门意见融合、跨部门沟通合作、反复论证与修改才能完成。标准体系编制完成之后，通过相关部门批准审核，需要进行试运行和标准化项目试点，征集多方意见之后进行修改，才能进行正式运行实施。实施过程中若是因战略调整、市场需求变化等因素带来标准管理问题，则应适时对标准进行修订和补充，使标准能够保持先进性和可操作性。

第五章 旅游资源多元化管理

第一节 旅游资源信息管理

一、旅游资源信息管理系统基础

（一）旅游资源信息管理的概念

信息是一切事物现象及其属性标识的集合，是客观事物状态和运动特征的一种普遍形式，人们通过它可以了解事物或物质的存在方式和运动状态。信息一般通过数据、文本、声音、图像这4种形态表现出来，能够被交换、传递和存储，是一种能够创造价值的资源。

人们在调查、研究、管理旅游资源过程中产生的信息被称为旅游资源信息。旅游资源信息不仅包括旅游资源本身的信息，而且包括与旅游资源相关的信息，如旅游交通、购物、娱乐、当地社会经济概况等方面的信息。随着旅游业的发展，对旅游资源的调查、规划、管理工作也相应地越来越细致，因而产生的旅游资源信息也随之出现了较大的变化，逐渐表现出了衍生信息迅速增加、表现方式多样化的发展趋势。

不仅旅游资源信息内容非常丰富，而且旅游资源信息的服务对象也相当广泛，它不仅为与旅游相关的人员服务，还为一般的用户服务，这些都使得旅游资源信息相对于其他资源信息有许多不同之处。概括起来，旅游资源信息主要具有海量性、区域差异性、时效性、不易传播性、综合性和层次性等特点。

旅游资源信息管理是对旅游资源信息进行开发、规划、控制、集成、利用的一种战略管理。其实质就是对信息生产、信息资源建设与配置、信息整序与开发、传输服务、吸收利用等活动的各种信息要素（包括信息、人员、资金、技术设备、机构、环境等）的决策、计划、组织、协调与控制，从而有效地满足旅游者、旅游经营者、旅游管理者使用旅游资源信息需求的过程。

尽管政府部门和有关专家为旅游资源信息的收集、利用制定了相关的政策和实施办法，旅游主管部门和行业组织对旅游资源信息的收集、发布做了很多工作，但我国在旅游资源信息管理的自动化方面起步较晚，与使用信息技术手段相比，传统的管理手段存在许多不足之处，突出表现为采集和管理手段落后，信息涵盖面和精度均不尽人意，信息的管理和使用不成体系，信息更新缺少动态性和时效性等，很难为旅游资源信息的收集、管理、使用提供可靠、权威的保障。因此，迫切需要新技术、新手段来代替人工方式，以提高旅游资源信息采集和管理的效率和准确性。

（二）旅游资源信息管理系统介绍

旅游资源信息管理系统是以旅游资源空间数据库为基础，采用地图、文字、图表、数字、影像等多媒体信息集成，对旅游资源及相关信息进行采集、储存、管理、分析、模拟和显示，适时提供空间、动态的旅游资源信息，为管理和决策服务的一类信息系统。

旅游资源信息管理系统属于管理类信息系统，但并不是传统意义上的信息管理系统。狭义的信息系统可认为是事务处理系统，强调的是数据的记录和操作。如民航商务信息系统、旅游人才管理信息系统、旅游财务管理信息系统、饭店管理信息系统等，突出事务处理等管理功能，其最大特征是所处理的数据主要为属性信息，没有或不包括空间数据。旅游资源信息管理系统最大的特征是其所处理的数据具有空间特征，以具有空间分析功能的地理信息系统（Geographical Information System，GIS）为开发平台（目前可采用国内外极多的GIS商用软件包为支撑），利用地理信息系统的各种功能实现对具有空间特征的要素进行处理分析，以达到管理区域系统的目的。同时，借助网络技术和信息技术的发展，依托旅游资源的关键要素，建立健全规范、高效、有序的旅游信息化架构，打造一个旅游信息化平台，以实现旅游咨询、浏览、互动为一体的网络化、智慧化系统。

旅游资源信息管理系统既是旅游资源开发的重要工具，也是旅游资源事务服务管理的重要手段。建立旅游资源信息管理系统主要应用在以下几个方面：

1. 应用于旅游资源的普查、评价工作

其主要作用是以计算机替代手工劳动，对旅游资源信息进行收集、整理和系统的管理，提高效率，为旅游资源信息利用提供可靠保障。

2. 应用于有关部门对旅游业的管理、监控工作

采用旅游资源信息管理系统，动态监控旅游资源利用状况，科学评价旅游资源，为旅游业管理部门的日常管理和相关政策的制定提供科学依据，以多种形式支持旅游资源的开发与管理。

3. 实现旅游资源信息共享

旅游资源信息不仅可为政府、开发规划部门使用，而且通过网络，还可以为各学校、科研机构的旅游资源研究提供可靠数据，为旅行社以及旅游业相关部门甚至旅游者提供各种信息，实现旅游资源信息共享，促进旅游业的全面发展。

（三）旅游资源信息管理系统研究与应用

随着计算机的发展和数字化信息产品在全世界的普及，地理信息系统技术，以其独特的空间信息分析功能，自20世纪60年代诞生以来，已经被广泛地应用于资源管理、环境保护、城市规划等各个领域，并正在随着数字城市的建设而走入千家万户，应用于普通民众的日常生活当中，其产业发展已成为势不可挡的国际潮流。另外，由于国内旅游业的迅速崛起，使得政府部门对旅游业的经济地位和相应的旅游资源开发与管理的研究有了前所未有的重视。基于遥感（RS）、地理信息系统（GIS）和全球定位系统（GPS）的旅游资源管理信息系统，是在旅游资源调查的基础上，实现对现有的旅游资源的查询与管理。同时，计算机网络技术、多媒体技术、虚拟现实技术等持续

应用于旅游信息管理当中，无论是制定旅游资源开发保护方针政策，还是协调人口、资源、环境的关系，以及制定综合性、区域性、专题性的旅游发展规划等，都可以在旅游资源管理信息系统中找到科学依据，并促进有关研究的进一步深入，为各地区经济和社会的可持续发展、国土资源综合开发整治规划提供必要的信息支持和决策支持服务。

开发旅游资源信息管理系统的关键在于建立科学、完善、精确的资源数据库。目前，我国旅游资源数据库的建设已经取得了一定的成绩。中国旅游信息库及旅游信息查询系统，包括了我国历史、地理、经济、文化、风光、气候等各个方面，内容不仅涵盖旅游资源基本信息，还包括其他旅游相关信息，主要有省市行政区划分图、公路、铁路、航空示意图，此外，还有旅行社、旅游涉外饭店、风味餐馆、主要旅游线路、游览区（点）、商业、医疗等公共设施。系统采用文字、声音、图片等多种形式，介绍了全国的旅游资源。

二、旅游资源信息管理系统结构

旅游资源信息管理系统的总体框架结构可以分为系统层、数据层和用户层。

（一）系统层

系统层在硬件方面需根据系统要求选择配置较高硬盘容量较大的微机。此外，还需要配置数字化仪、扫描仪、打印机、数字通信传输设备等辅助设备。

软件方面通常需要有计算机操作软件、数据库软件、应用软件和网络软件。

1. 操作软件

采用广泛使用的 Windows 2000 或 Windows XP 中文版本作为 PC 机系统软件。

2. 数据库软件

数据库软件包括支持复杂空间数据的管理软件，还包括服务于非空间属性数据为主的数据库系统，前者如 Map Objects，Mapinfo，Arcgis 等，后者如 SQL Server，Oracle，Informix，DB2 等。

3. 应用软件

应用软件包括信息系统软件及其他支撑软件和管理专用平台两种，前者一般不需要进行独立开发，市场上有数百种国内外信息系统通用软件和其他支撑软件可供选择，主要用来支持对数据输入、存储、转化、输出和建立与用户的接口；后者主要是信息系统的开发人员或用户，根据旅游资源信息的管理专题而编设的用于特定目的的程序，是旅游资源信息管理系统的具体内容。

4. 网络软件

网络软件可分为网络系统软件、网络数据库和网络应用软件 3 大类，为旅游资源信息管理系统提供网络和通信服务。其中，网络数据库的建设在网络组建中建设周期长，人力物力投入多，常需要多个部门协同攻关。

(二) 数据层

1. 数据库结构

数据库是旅游资源信息管理系统的核心，是系统的各项功能得以实现的基础，其结构的合理性直接影响其工作效率和用户的使用。因此，在系统数据库的管理中，如何将各种数据按照一定的结构组织、存储和管理，以便于提高系统信息查询和处理的效率是系统数据库设计的关键。

(1) 空间数据库

空间数据库是旅游资源信息管理系统数据库的主要构成成分，是系统能够执行空间分析功能的结构部分。空间数据库的使用影响系统的组成、开发、应用等各个方面，使旅游资源信息管理系统与一般的管理信息系统区别出来。首先，为了处理图形和图像数据，系统需要配置专门的输入和输出设备、图形图像的显示设备等。其次，在软件上则要求配置研制专门的图形图像的分析算法和处理软件，这些算法和软件又直接和数据的结构及数据库的管理方法有关。

(2) 属性数据库

属性数据库一般分为基础社会信息数据库和旅游资源信息数据库。

基础社会信息数据库包括社会经济信息数据库和自然环境信息数据库两个部分。前者主要反映旅游区的人口数量、国民生产总值、国民收入、经济结构、交通运输等与旅游业相关的内容，为旅游资源管理提供基本的社会经济等方面的信息；后者主要反映旅游区旅游环境的自然要素，如地质地貌、气象气候、水文、动植物等信息，为旅游资源管理提供基本的自然环境信息。

旅游资源信息数据库一般包括旅游区信息数据库、旅游资源单体信息数据库和旅游客源信息数据库。旅游区信息数据库主要包括旅游区名称、编码、面积、开发年代、工作人员数量、景区介绍、景区旅游项目等。旅游资源单体信息数据库将各类旅游资源与其所属区域结合起来，反映旅游资源的区域分异规律，主要包括旅游资源单体的名称、单体代号、主类名称、亚类名称、基本类型等。旅游客源信息数据库主要收录各时期旅游区接待的旅游者人/次数以及旅游收入（国内、国外、省内、省外）。

属性数据采用二维关系表的形式存储，用编码的方式来区分不同表示地物的属性数据。大的地物，如公路、铁路，则按照国家统一的编码体系来进行编码；小的地物，特别是属于旅游行业的，则按照旅游行业中的标准、规范来进行编码。在此系统中，采用常用的数据库管理系统 Visual FoxPro 来进行属性数据的存储、管理。

2. 功能模块结构

旅游资源信息管理系统的功能模块一般由用户管理模块、数据录入模块、数据管理模块、应用管理模块、查询统计模型和数据输出模块组成。

(1) 用户管理模块

考虑到系统数据的安全性，进入系统的工作人员必须输入用户名和相应的密码，系统经验证正确后方能进入。对于使用系统的游客，则不设置此功能，可直接使用查询、检索、浏览等基本功能。对进入系统的工作人员，由系统管理员设置3种级别系统功能使用权限。一般人员可以使用账号维护、查询、检索、浏览、输出等功能；中级人员在一般人员权限的基础上，可进一步使用空间分析功能；高级人员在中级人员权限的基础上，可使用旅游资源输入标记、多媒体数据载入和删除等功能。系统管理人员除了可以使用系统的全部功能外，还可以设置不同用户对系统功能的使用权限，以保证系统和数据的安全。

（2）数据录入模块

数据录入模块能够以多种方式快速采集旅游资源数据，包括表征旅游资源空间位置的空间数据和描述它的属性数据、各类环境数据等，并通过各种输入设备（如扫描仪、数码相机等）输入计算机中，建立相关的旅游资源数据库。

（3）数据管理模块

数据管理模块是旅游资源信息管理系统的最重要部分，它对旅游资源数据库进行统一的管理和维护，提供存储、编辑、检索、查询、运算、显示、更新空间数据和数据挖掘的能力，能把最新获得的信息快速更新、补充到数据库中。

（4）应用管理模块

应用管理模块通过各类应用软件，以数据库内的信息作为基础信息，用于多种用途，如用于科研单位相关旅游科学的研究（旅游资源评价、环境评价、开发评价方法的研究），用于旅游企业旅游项目的策划，旅游管理部门的日常管理，为旅游开发规划提供决策支持手段等。

（5）查询统计模块

除常见的信息系统查询功能外，旅游资源信息管理系统还提供空间数据查询功能，即各种旅游资源、服务设施、交通线路等均标明其地理位置和坐标参数。用户还可以以空间位置的点、线、面等方式进行空间信息查询。旅游资源信息管理系统中配有各行政区的旅游资源情况和各种统计分析程序，用户可以根据需要，对数据库中的数据进行分析。

（6）数据输出模块

数据输出模块可以为用户提供丰富的输出形式，如可采用图件、照片、报告、表格、统计图、影像、拷贝数据等形式输出，还可以利用GIS实现数据输出的地图化表示，如将旅游资源质量评价等级图、旅游资源分布图、地形图、道路交通图、服务设施分布图和地形图叠加，可以为游客提供一幅详细的导游图。

（三）用户层

旅游资源信息管理系统面对的终端用户有两大类：一类是旅游者，另一类是政府、旅游企业。对旅游者而言，他们需要全方位、真实地了解旅游目的地的旅游资源的详细情况，以此来选择最佳的旅游线路；对政府和旅游企业而言，需要准确的旅游资源统计、分析、预测信息，为深层次的旅游开发、旅游管理提供决策依据。

旅游资源信息管理系统的用户层是系统与终端用户的接口，是直接面向使用者的具有可视化界面的人机对话层，因此，系统的界面设计尤为重要。生动直观、操作简单、友好简洁的界面不仅能够使旅游者获得准确、有效的信息，提高旅游区（点）的形象，而且还能提高管理者对旅游资源及景区管理的精度和效率。目前，大多数系统采用自顶向下逐层分解的设计思想，一级一级地进行界面设计，最高一级界面是一个信息系统的主菜单，反映该系统所具有的主要功能，其余各级界面之间通过不同形式的菜单进行调用。面向旅游者的主界面则充分运用图、文、声并茂的多媒体技术，提供给旅游者整个旅游区（点）地图，并运用超级链接技术使旅游者能够多方面了解到各景点的简介、地理位置、景观特色等。

三、旅游资源信息管理系统开发

（一）开发原则

旅游资源信息管理系统的开发是一项非常复杂、艰巨的工程，它涉及财力、人力、物力的大量投入。因此，必须制订合理、有效的开发策略和计划，统筹安排系统的开发工作，以便为工程的顺利完成打下良好的基础。旅游资源信息管理系统的设计应遵循如下原则：

1. 实用性原则

系统数据组织灵活，可以满足不同应用分析的需求。系统的界面设计友好，简单易行，同时满足普通游客和管理人员不同的使用要求。

2. 标准化原则

系统的设计与开发基于信息标准化、规范化，并遵循相关行业标准。

3. 可靠性原则

系统运行要可靠、稳定、正确，并保证数据安全，且系统应具有很强的容错性和安全性。

4. 可更新性原则

由于旅游资源具有很强的现时性，因此，系统应具有数据更新的能力。

5. 可扩展原则

系统要从长远的观点出发，考虑以后可能的功能扩展与完善，预留数据输入输出接口。例如，属性编码的可扩展性、软件设计模板的可扩展性。

（二）系统开发方法

掌握正确的管理信息系统开发方法是非常重要的，西方的一些工业国家，如美国、日本等对信息系统的开发方法进行了探索和研究，提出如生命周期法、结构化系统开发方法、原型法、面向对象法等开发方法（表5－1）。

表5－1　　　　　　信息管理系统主要开发方法比较

方法	优点	缺点	适用
生命周期法	开发过程阶段清楚、任务明确、文档齐全，整个开发过程便于管理和控制。	系统开发的深度不够，系统需求难以准确确定；开发周期长，文档过多；各阶段文档的审批工作困难。	大型信息系统和应用软件的开发。

续表

方法	优点	缺点	适用
结构化系统开发法	从抽象到具体，逐步求精；正确性、可靠性和可维护性高；质量保证措施完备。	难以精确确定用户需求；未能很好地解决系统分析到系统设计之间的过渡。	组织相对稳定、业务处理过程规范、需求明确且在一定时期内不会发生大变化的大型复杂系统的开发。
原型法	改进了用户与开发人员的交流方式，确保了用户需求的满足；系统更加贴近实际；降低系统开发风险，减少开发费用。	对开发工具、对用户的管理水平要求高；反复修改系统原型，使开发过程管理困难。	小型、简单、处理过程比较明确，没有大量运算和逻辑处理的系统。
面向对象法	具有较好的重用性、易改性、易维护性和易扩充性。	相关原理和技术仍需完善；处理基于复杂数据的管理信息系统、复杂人机交互界面的设计开发等仍存在不足。	适用面很广。

1. 生命周期法

生命周期法是国内外信息系统开发中最常用的方法。其主要思想为任何一个软件都有生存期，即从软件项目的提出，经历研制、运行和维护，直至推出的整个时期。生命周期法将软件工程和系统工程的理论和方法引入信息系统的研制开发中，将信息系统的整个生存期作为一个生命周期，同时又将整个生存期严格划分为若干阶段，并明确每一阶段的任务、原则、方法、工具和形成的文档资料，分阶段、分步骤地进行信息系统的开发。

2. 结构化系统开发方法

结构化系统开发方法称结构化生命周期法，是自顶向下结构化方法、工程化的系统开发方法和生命周期方法的结合，是迄今为止开发方法中最普遍、最成熟的一种。它是从数据流的角度将问题分解为可管理的、相互关联的子问题，然后再将这些子问题的解综合成为整个业务问题解的一系列技术总称。其实质是"自顶向下、逐步求精、分而治之"。

3. 原型法

在信息系统开发中，原型是指该系统早期可运行的一个版本，反映系统的部分重要功能和特征，其主要内容包括系统的程序模块、数据文件、用户界面、主要输出信息及其他系统的接口。原型法是利用原型辅助开发系统的方法，其基本思想是：在获得用户基本需求的基础上，投入少量人力和财力，尽快建立一个原始模型，使用户即时运行和看到模型的概貌和使用效果，提出改进方案，开发人员进一步修改完善，如此循环迭代，直到形成一个用户满意的模型为止。其开发步骤主要为：确定初步需求，设计初始原型，使用和评价原型，修改和完善原型。

4. 面向对象法

面向对象技术（OOD）不仅是一种软件设计方法，也是一种抽象思维方式，传统的软件设计把数据域对它们的处理分开，必然使人们在思考问题时还要思考计算机处理的细节。面向对象法则把数据和对它们的处理组合成为对象，以对象为基础对系统进行分析与设计，为认识事物提供了一种全新的思路和办法，是一种综合性的开发方法。

（三）开发流程

旅游资源信息管理信息系统的研制开发是一个长时间、复杂及需要多方面共同努力的系统工程型项目，需要遵循系统工程的开发步骤，其开发过程与开发方法与一般信息系统大致相同，主要分以下6个阶段进行开发。

1. 人员组织阶段

人员组织阶段的工作主要为建立开发领导小组和系统分析组。前者是系统开发的最高决策机构，其主要工作是确定系统的目标，审核批准系统实现方案，验收鉴定系统以及组织各种开发；后者则由各相关领域的专家组成，负责完成整个系统开发的总体规划、系统分析和系统设计等工作。

2. 系统规划阶段

系统规划阶段主要是就旅游资源信息系统的开发提出总体的规划方案，以保证开发工作有计划、有步骤、有控制地进行。此阶段的主要工作包括：

（1）系统初步调查

对现行系统做初步的了解、分析与评价，为新系统目标的确定收集原始资料。

（2）系统目标确定

系统目标是系统建成后要达到的运行指标，也是新系统研制开发过程的重要依据。在总体规划阶段新系统的目标不可能提得非常具体和确切，随着系统开发的深入，新系统的目标也将逐步具体化和定量化。

（3）拟订计算机系统的初步实现方案

旅游资源信息管理系统是以计算机及通信系统为核心建立起来的，在总体规划阶段，从信息系统的目标出发，根据各方面的制约条件，拟订多个计算机系统的初步实现方案以供选择，并确定总体结构的初步方案。

（4）可行性分析

可行性分析是任何一个系统工程型项目正式投入人、财、物之前必须进行的一项工作，在总体规划阶段，根据所确定的系统目标，来分析研究开发新系统的可能性和必要性。其中，开发新系统的可能性即开发的条件是否具备，通常从技术、经济、时间和运行环境四个方面考虑。

3. 系统分析阶段

系统分析在信息系统开发中又称为逻辑设计，是指在逻辑上从信息处理角度构造新系统的功能和任务，解决系统"能做什么"的问题。其主要内容包括：

（1）目标分析

对总体规划阶段确定的新系统目标进行再次考察，对其进一步细化。

（2）逻辑功能分析

通过评价原有系统的各项功能逐渐明确新系统的具体功能，这些功能侧重于逻辑方面，不考虑具体现实。

(3) 业务流程分析

业务流程是指为完成组织目标所做的相关业务的处理过程，对其进行分析是为了发现原系统中不合理的地方，以便通过重组、改进，形成新的更为合理的流程。

(4) 数据流程与数据分析

数据流程是系统中信息处理方法与过程的统一，与业务流程分析相对应，数据流程分析是为了优化信息处理的过程。

(5) 功能/数据分析（子系统划分）

把系统划分为子系统可以大大简化工作。分析的结果一方面是对系统功能的划分，即子系统的划分；另一方面也确定了数据资源的分布情况，即哪些是各子系统内部的数据，哪些是各子系统之间的共享数据。

4. 系统设计阶段

系统设计在信息系统开发中又称为物理设计，是在系统分析的基础上，根据系统分析阶段所提出的系统逻辑模型，详细地设计出新系统的实施方案，建立系统的物理模型，其主要内容如下：

(1) 总体结构设计

在系统分析阶段，系统被划分为若干子系统，子系统可以看作系统目标下的一层功能，对其中每项功能还可以继续分解直至由一个或一组程序能够完成的功能模块。总体结构设计包括旅游资源信息系统的功能结构设计和功能模块设计等。

(2) 系统物理配置方案设计

系统物理配置方案设计包括设备配置、通过网络的选择和设计以及数据库管理系统的选择等。在总体规划阶段，根据系统的目标、要求，提出了可行的计算机系统实现方案，但规划阶段的实现方案是粗略的、逻辑的，型号、版本等具体问题没有涉及。随着系统开发工作的进行，对系统的具体情况和要求有了更详细的了解后，这些具体问题都需要逐一落实。

(3) 代码设计

代码是用数字、字母、符号等来代表客观存在的实体及属性等，在信息系统中，代码是人和计算机的共同语言。用代码的目的是方便计算机的处理，便于进行信息的分类、存储、校对、统计和检索等。代码应根据信息系统的规模、数据类型按标准化、规范化的原则设计，并且要易于扩充以适应系统未来的发展变化。

（4）输入设计

输入设计就是将数据正确地传送到信息系统中以供计算机系统进行各种处理。输入设计的内容包括输入数据的内容、数据的输入方式和输入数据的记录格式，其目的是使数据的录入更便利、更有条理和尽可能地消除错误。

（5）输出设计

输出设计的出发点是必须保证系统输出的信息能够方便地为用户所使用，为用户的管理服务提供有效的信息服务。其内容包括确定输出信息的内容和格式、输出设备和介质等。

（6）对话设计

人机对话是人和计算机系统实现信息交换、对信息系统运行进行控制的必要手段，良好的人机界面能大大增强信息系统的易用性。对话设计的内容包括人机界面、对话方式、对话内容及具体格式等。

（7）数据库设计

数据库设计是系统设计的主要内容之一，其设计质量对整个系统的功能效率有很大影响。要根据数据的不同用途、不同使用要求、数据量、设备、技术等方面的条件决定数据的组织形式、数据的结构、类型、载体、安全保密性等问题。数据库设计一般分五个步骤完成，分别为用户需求分析、概念模式设计、逻辑模式设计、物理结构设计和安全保护设计。在旅游资源管理信息系统中，通常数据库不仅要有与旅游资源相关事物的属性信息，还要有大量的空间信息。因此，空间信息数据库的设计占有重要地位。

5. 系统实施阶段

系统实施是系统设计的物理模型付诸实现的阶段，需要投入大量的人力、物力和时间，要进行设备安装、程序设计及调试、系统测试，形成新系统的运行环境，此阶段的主要工作包括工作环境准备（硬件设备和系统软件准备)、数据的录入与装配、人员培训、系统调试等。

6. 系统维护阶段

系统投入使用后,一些设计上的先天不足或疏漏会暴露出来,用户也会由于形势的变化,对系统提出新的要求让系统能够不断完善,灵活地适应变化,需要长期的维护工作。系统的维护工作主要包括应用软件维护、数据维护等。

第二节 旅游资源开发利益相关者管理

一、利益相关者

利益相关者是一个管理学概念,利益相关者是能够影响一个组织目标的实现,或者受到一个组织实现其目标过程影响的所有个体和群体,并基于企业利益相关者之间的复杂关系来研究企业的战略管理问题。这里不仅将影响企业目标达成的个体和群体视为利益相关者,同时也将受企业目标达成过程中所采取的行动影响的个体和群体看作利益相关者,并正式将当地社区、政府部门、环境保护主义者等实体纳入利益相关者管理的研究范畴,大大扩展了利益相关者的内涵。

二、利益相关者构成

在有关旅游伦理的相关文献中,将旅游专业人员、社会公众、媒体确定为旅游开发的利益相关者,显然不够全面。从可持续发展的角度,利益相关者的概念应该从涵盖面更宽泛的意义上去考虑,因为可持续发展的理念涉及人类(政府、企业、居民、旅游者等)与非人类(资源、环境)、当代人与后代人等广泛的利益。因此,旅游开发的利益相关者实际上包括了人类的与非人类的、现实的与潜在的利益主体。根据旅游开发所涉及的领域以及不同领域利益主体的利益性质、相关程度和影响方式,可以将旅游开发的利益相关者分3个层次,即核心层、支持层和边缘层。

（一）核心层利益相关者

核心层利益相关者是指旅游开发过程中的主要群体，拥有直接的经济、社会和道德利益。他们通过参与旅游开发发生直接联系，直接影响旅游开发的运行，直接接触旅游者的旅游活动。他们的利益更多地表现为经济效益，包括旅游者、政府、旅游企业和当地社区。地方政府既是"游戏规则"的制定者，同时也扮演着管理者、生态保护倡导者、社区发展支持者和旅游企业监督者等多重角色。旅游开发经营者一方面为旅游业注入新的人流、物流、资金流、信息流。另一方面，在追求利益的同时，也会造成环境的破坏。旅游者是旅游开发活动围绕的主体，是旅游活动盈利的源泉。社区既是旅游系统的利益主体，也是载体，社区角色的多重性和动态性，对于旅游活动的开展具有重要意义。

（二）支持层利益相关者

支持层利益相关者是指那些在某一特定的时间和空间能给旅游开发带来机会和威胁的利益相关者，主要包括社会公众、竞争或合作对手、非政府组织等。他们对旅游开发的影响是间接的，但在信誉、公众形象方面的作用力较大。

（三）边缘层利益相关者

边缘层利益相关者是指潜在的、非人类的、间接作用于旅游开发和旅游业发展过程的利益主体。上述两个层次的利益相关者考虑的是"人类""现实"的利益主体。但旅游开发作为一种影响深远的社会活动，其对资源的配置和使用不仅对当代人的利益产生影响，还能够影响后代人的利益；不仅对人类种群的利益产生影响，还能够对非人类的其他种群和自然环境状态产生影响。这些受旅游开发资源配置和使用行为影响的对象，包括人类的和非人类的、现实的和潜在的以及影响旅游开发的宏观环境政治、经济、社会文化和技术环境等，都是旅游开发的利益主体，即边缘层利益相关者。

三、旅游资源开发经营者管理

在景区保护的所有核心型利益相关者中，开发商的利益诉求指向最为清晰。而开发商的经济利益如何与社会公共利益对接，传统经济学理论对此作出了回应。它指出，企业的社会责任主要通过提供能满足社会需求的产品和服务来实现，如果一个企业在保证高效率使用自然和社会资源的前提下，为消费者生产和供给价格适宜的需求物，那么它就为维护社会公共利益作出了分内的贡献，即企业唯一的任务就是在合法经营中追求自身利润最大化。

然而，在缺乏监管的情况下，对于历史文化景区的保护与发展方面，开发商为实现自身利益最大化而损害他人合法利益的现象普遍存在，他们通过倚仗政府的行政权力，介入本应由市场规律和相关法律规范调整的领域，达到将利益进行重新分配的目的。

因开发商在追求经济利益最大化的过程中不可避免地对景区的历史文化遗产造成威胁、对自然生态系统施加压力，因此，常被研究者视为景区保护与可持续发展中的危险分子，开发商对经济利益的疯狂追求最终会衍生出一系列社会责任的问题。早期，在开发商还没有意识到历史文化遗产的保护与景区旅游的可持续发展的必要性时，在发达国家，大多数开发商不自觉地赞同温和学派对保护与持续发展的解释。也就是说，早期开发商在实现利润增长过程中会对资源和环境造成持续破坏。而如今，随着旅游者与当地居民日益忧虑景区历史文化遗产和自然生态环境的破坏问题，他们不断呼吁开发商在景区保护与发展中承担一定的社会责任，于是有不少开发商转而关注起社会责任问题。他们开始考虑保护历史文化遗产及其自然生态环境，坚持可持续发展原则，遵守相应法规与制度，通过尊重历史文化遗产的原真性、减小污水排放等"绿色"行为来提升自身企业形象，扩大市场需求，进而达到提高收益或降低成本的目的。综上所述，我们可以将开发商的利益诉求归纳为：获得高额利润回报、树立良好企业形象、提升企业知名度、实现企业可持续发展。

四、旅游者管理

（一）游客管理理论

游客管理是指旅游管理部门或机构通过运用科技、教育、经济、行政、法律等各种手段组织和管理游客的行为过程，通过对游客容量、行为、体验、安全等的调控和管理来强化旅游资源和环境的吸引力，提高游客体验质量，实现旅游资源的永续利用和旅游目的地经济效益的最大化。游客是旅游活动的主体，是旅游产品的需求方，打造高质量的旅游产品、满意的旅游体验等是游客的主要利益诉求。科学有效的游客管理可以使游客获得良好的旅游环境氛围和高质量的旅游体验，使游客获得最大限度的旅游满足。

游客管理理论的形成和发展大体经历了以下三个阶段：

1. 游憩承载力理论（RCC）

游憩承载力是一个游憩地区能够长期维持产品品质的游憩使用量。游憩承载力的出现，标志着游客管理研究的真正开始。20世纪60~80年代，是游憩承载力研究的高峰期。世界旅游组织在20世纪70年代《世界旅游组织6个地区旅游规划和区域发展报告》中正式提到了旅游环境承载力的概念，从此，这个概念被广泛应用于许多国家的旅游规划与管理中，对游憩承载力的探讨也进入了国际性的学术会议。

2. 可接受的改变极限理论（LAC）

可接受的改变极限理论。20世纪80年代美国林业局出版了《荒野地规划中的可接受改变极限》的报告中系统地阐述了LAC（Limits of Acceptable Change）的理论框架和实施方法，自此可接受的改变极限及其衍生技术开始成为主流的游客管理模式。LAC理论认为，旅游活动在一定程度上会导致旅游目的地资源环境质量的下降，它所研究的主要内容就是为环境改变设定一个可容忍的极限，当一个地区的资源状况达到预先设定的极限值时，就必须采取措施以阻止环境的进一步恶化。20世纪80年代中期LAC理论被广泛运用于美国、加拿大、澳大利亚等国家的国家公园的旅游环境承载力的管理中，取得了良好的效果，尤其是在解决资源保护和旅游利用的矛盾方面取得了较大的成功，使景区工作的中心从简单地限制游客数量进入一个采取更加完善的处理方法的阶段。这一方法用于旅游规划的最大优点之一就是它引入了较为完善有效的公众参与机制。

3. 游客满意理论

进入 21 世纪以来，游客管理迎来了从"以管理人员为中心"向"以游客为中心"的转移，越来越多的学者主张游客管理应引进服务管理的原则。顾客满意理论是将游客对目的地的期望和在目的地的体验相互比较，如果体验与期望比较的结果使游客感觉满意，则认为游客是满意的；反之，则认为游客是不满意的。游客管理只重视管理者，忽视游客的片面做法被游客满意理论彻底改变，从此游客管理更加重视发挥游客的主动性和积极性，因而更加全面化。

（二）游客管理模式

目前，全球旅游地游客管理的目标大多围绕环境保护与游客满意两个主题。在实践中，因追求的目标的侧重点不同，形成了环境导向、偏环境导向、游客导向、偏游客导向、环境—游客导向等多种游客管理模式。

1. 环境导向模式

环境保护是游客管理最原始也将是最持久的动机与目标。在全球极具影响力的游客管理模式如可接受的改变极限理论（LAC 理论）、游憩机会谱（ROS 理论）、游客活动过程管理（VAMP 理论）、游客影响管理（VIM 理论）等都是以追求旅游地的环境资源保护为己任。在环境导向型模式下，游客管理的实质是游客行为管理，即调整游客行为以降低游客不良行为对旅游地环境与资源的影响。它强调提高旅游者的环境保护责任意识并适当约束其行为，关注如何对游客消费方式与行为方式加以影响，使之能够自主地（责任意识养成）或者被动地（行为适当约束）保护环境与资源。

2. 游客导向模式

旅游目的地的主要任务是提高旅游体验质量，实现游客满意，游客是整个游客管理的中心，服务管理的原则与理念被引入游客管理。了解游客的需求，据此调整旅游目的地的行为特征，可以实现更高的游客满意度。在该模式下，游客管理实际上就是游客体验管理。

3. "环境—游客导向"型模式

"环境—游客导向"型模式是对上述两种模式的修正。环境导向模式忽视游客体验，游客导向模式弱化环境保护理念。这种模式则努力弥补两者的不足，企图协调人（游客）与自然（环境）的关系，实现游客满意与环境保护的双重目标。

4. 关系导向模式

处理好以游客为中心形成的旅游目的地各利益相关者之间的关系，才能实现游客管理的多元目标，而不仅仅是只考虑游客与环境两个因素。关系型游客管理模式就是以多元目标体系为导向形成的游客管理模式。

利益—责任双向多边关系型游客管理模式的内涵如下：

第一，游客、居民、政府与旅游企业等利益相关者都是关系型游客管理的基本要素，游客与目的地利益相关者处于同一系统中。游客管理必然要求将各利益相关者全部纳入游客管理系统。

第二，游客管理的实质是旅游过程中游客关系的管理，即通过协调游客与旅游目的地各利益相关者的关系，实现游客与旅游目的地共赢，最终实现旅游可持续发展。这种关系的协调包括两个方面：一方面，调整游客的行为，使游客行为符合旅游目的地利益特征；另一方面，调整旅游目的地各利益相关者的行为使其符合游客需要，提高游客旅游体验能力，实现游客满意。

第三，游客管理的利益是双向的，责任也是双向的，关系型游客管理模式中任何利益相关者既是游客管理的利益享受者，同时也是责任承担者，只承担责任或只享受权利的利益相关者是不存在的。

五、社区居民管理

（一）社区参与内容

社区是旅游的发展者，本身也是旅游资源的一部分，并且是旅游的最终受益者。目的地居民正逐步被视为旅游资源产品的核心，是可持续旅游资源开发的重要因素。从社区的角度探讨旅游目的地可持续发展是可行的途径，这在众多的研究中得到共识。因为当地社区对旅游地的态度、行为等参与程度对旅游目的地资源开发至为关键，决定了政策执行力与管理有效度，是旅游地可持续发展规划、实施过程中的重要因素，他们的支持对旅游的成功具有重要意义。

当然，社区参与旅游发展，也需要达到一定的条件。首先，旅游目的地社区要有动力参与旅游活动，最主要的动力就是能从旅游发展中受益。其次，社区参与旅游发展，还需要有效参与。总之，旅游地与社区直接的对话和相互学习，比单纯依靠技术和科学解决办法来管理旅游地可靠得多。

（二）社区参与模式

根据社区参与程度不同，可以将其分为三类模式：

第一类是社区全权支配管理旅游产业，如在加拿大安大略省的尼亚加拉大瀑布周边的酒庄，依托私人拥有的葡萄园及家族传统酿酒知识，吸引旅游者前去品尝、购买特色的酒产品，甚至发展出小型食品供应店、娱乐场等多样化旅游产品，旅游产业由社区完全拥有并加以管理。

第二类是部分参与旅游发展，分为经济参与和管理参与。在许多发展较好的旅游目的地，当地社区居民抓住契机，以家庭式餐馆、旅馆等形式参与到旅游开发中来，成为旅游产业中相对独立的有机组成部分，与旅游发展经济上唇齿相依，互惠互利。或者社区与家庭选择与外来的开发商联合，合作开发旅游还可建立股份制合作制公司的设想，并在实践中提出"景区公司＋农户"等参与模式。社区参与还可以是管理参与，包括初级的参与到旅游目的地发展方式的意愿表达，以及有决策权的社区共管模式。在特定的旅游目的地，可能出现经济参与和管理参与的双重参与模式。

第三类是社区不参与旅游发展。包括社区分享旅游收益，吴忠军等认为在旅游利益分配中，应树立当地居民利益第一思想；获取经济补偿，旅游的发展必然对当地社区产生冲击和影响，通过经济形式对利益受损的居民进行补偿，是旅游尤其是自然旅游采用的一种方式；社区完全隔离在外，这种模式里的社区在旅游发展中没有任何经济补偿、不参与分享旅游收益、体现不出民意，其原因或者是社区完全不关心，或者是没意识到自身的权利和义务，或者是被更大的权力部门有意或无意地隔绝失去话语权。

第三节　旅游资源的数字化管理

如果数字旅游管理是以景区旅游资源为出发点、是基于"物"的管理方式的话，智慧旅游则是从管理者或旅游者的角度着力，从"人"的角度来实现旅游资源的数字管理。智慧旅游是数字旅游的升级版，是旅游管理思想方法的深化。

一、智慧旅游

国家"十四五"规划在《数字化应用场景》专栏中明确了"智慧文旅"建设内容。

（一）智慧旅游管理

尽管我国许多地方智慧旅游建设如火如荼，但相关研究文献不多见，对其概念没有统一界定，缺乏学理支撑。智慧旅游来源于智慧地球、智慧城市。现有智慧旅游的概念大同小异，都是运用现代技术手段，实现旅游各要素的智能化管理，满足当前旅游者个性化需求，旅游资源是智慧旅游管理得以实现的基础。

智慧旅游是以云计算、物联网、移动通信、智能终端、信息资源共享等新一代信息技术为支撑，主动感知旅游资源、旅游经济、旅游活动、旅游者行为等方面的信息，对信息资源进行最大限度的开发利用，以更加及时、准确、智能的方式为游客、旅游企业、旅游管理部门提供各种信息化应用和服务。

相比智慧旅游，智慧旅游资源管理是近来出现的管理方法。对旅游景区来说，保持旅游资源的可持续进化发展是景区运营发展的目标。关于智慧旅游管理，视角是管理，目标是旅游资源的持续发展。智慧旅游管理装上"千里眼"，让管理无处不在。如果说数字旅游使得旅游资源的管理实现了数字化，那么智慧旅游使得旅游资源的管理实现更透彻的感知、更广泛的互联互通、更深入的智能化，更能满足当前旅游者的个性化需求，进而可完成旅游资源的私人定制。

要满足旅游资源的私人定制，首先应做好旅游资源单体数据和旅游资源环境数据的评估，为旅游资源规划做准备。旅游资源单体是指可作为独立观赏或利用的旅游资源基本类型的单独个体。旅游资源单体数据是指旅游资源的基本信息，如资源的名称、类型、数量、结构、成因、历史、规模、级别、特色、价值和功能、旅游资源的区域组合，以及与旅游资源有关的重大历史事件、社会事件、名人活动、文艺作品等。旅游资源环境数据包括旅游资源所处区域的背景条件以及资源所处环境的保护状态，是接待旅游者容量的重要参考数据。

（二）智慧旅游服务

智慧旅游体系的服务对象主要包括政府主管部门、旅游企业、旅游者以及旅游专业的学生。智慧旅游归根结底，就是提供旅游信息服务，为政府主管部门提供决策依据，提高政府的工作效率，由传统政府向电子政府过渡，为旅游企业提供及时的旅游信息，为企业的市场营销、线路设计提供技术上的支持，为旅游者个人提供旅游地的与旅游有关的各种旅游信息和预订服务。

智慧旅游资源服务，更多倾向于旅游者的私人定制，依托旅游资源来服务于个性化的旅游需求。在大数据时代，智慧旅游资源服务主要体现在以下几个方面：

第一，基于大数据指导的旅游产品服务。通过与百度、阿里、携程等大数据公司合作，获取旅游游客信息，包括游客的年龄、性别、客源地、兴趣偏好、住宿及餐饮偏好、游客反馈等信息，基于大数据，旅游企业可及时更新产品销售策略、增加产品销售种类、提高企业效益。

第二，基于移动支付手段的旅游服务：推动旅游景区、旅游企业、酒店、餐馆及其他旅游服务商提供微信、支付宝等移动支付服务，优化旅游游客的消费体验，提高游客的消费额。

第三，基于O2O模式的旅游服务。旅游前，游客浏览旅游资讯网、微信号、马蜂窝、百度旅游等，并通过携程、去哪儿、大众点评等网站在线支付、购买门票。游中，游客通过触摸屏了解景点资讯、路线等，在通过交通导航到达景点之后，游客扫描二维码即可进入景区，并通过手机 App 语音讲解景点，通过智慧体验馆深度体验当地的旅游文化、旅游特色。游后，游客通过微博、微信、马蜂窝等网站对旅游进行点评、游记分享，从而对整体旅游形象、品牌形成二次传播。

总之，智慧旅游资源管理不仅仅是旅游资源管理与旅游产品、游客服务，还应在旅游主管部门中积极开展"放管服"改革，以适应旅游资源管理出现的新情况，满足旅游者新需求。

二、虚拟旅游

为了满足旅游者个性化的需求，虚拟旅游资源及其管理服务也成为新近旅游热点内容。

虚拟现实技术是一个由图像技术、传感器技术、计算机技术、网络技术以及人机对话技术相结合的产物。它是以计算机技术为基础，通过创建一个集三维视觉、听觉和触觉于一体的全方位环境，使用户利用系统提供的人机对话工具，同虚拟环境中的物体对象交互操作，使用户仿佛置身于现实环境之中的一门综合性技术——一种自然交互的人机界面。当前，旅游的体验性消费成为人们外出旅游的意向性选择，虚拟现实技术正在大量应用到现实旅游当中，比如虚拟旅游在文化遗产保护和展示、旅游规划等方面有广泛应用。

与之相关的是增强现实技术（Augmented Reality），该技术是一种将真实世界信息和虚拟世界信息"无缝"集成的新技术，是把原本在现实世界的一定时间空间范围内很难体验到的实体信息（视觉信息、声音、味道、触觉等），通过电脑等科学技术，模拟仿真后再叠加，将虚拟的信息应用到真实世界，被人类感官所感知，从而达到超越现实的感官体验。真实的环境和虚拟的物体实时地叠加到了同一个画面或空间同时存在。虚拟现实与增强现实的区别，简单来讲，虚拟现实看到的场景和人物全是假的，是把你的意识带入虚拟世界中，而增强现实看到的场景和人物一部分是真一部分是假，是把虚拟信息带入现实世界中。

而混合现实技术（MR，Mix reality）同时包括增强现实和增强虚拟，是合并现实和虚拟世界而产生的新的可视化环境。在新的可视化环境里物理和数字对象共存，并实现互动。与之相关全息投影技术，也即虚拟成像技术，是利用干涉和衍射原理记录并再现物体真实的三维图像技术，不仅可以产生立体的空中幻像，还可使幻像和表演者产生互动，一起完成表演，产生令人震撼的演出效果。

虚拟旅游是在现实旅游基础上，利用虚拟现实技术，通过模拟场景构建一个虚拟的三维立体环境，游客足不出户就能在三维立体的虚拟环境中游览远在千里之外的形象逼真、细致、生动的山水风光和人文馆藏。虚拟旅游的基础来源于现实中旅游资源或旅游场景的原有体验。虚拟旅游方式是建立在有关对象的模型库和数据库的基础上，通过虚拟现实技术的人机对话工具来实现，并有仿真的景观与服务，可在网上完成预定，进而完成整个游程。虚拟旅游资源主要有现存景观、再现景观、未建成景观及未达目的地景观。

旅游资源的规划也可用虚拟现实技术，对拟开发的景点进行合理的规划设计，对景点进行系统建模，生成虚拟场景，规划人员可以交互式地观察和体验虚拟景点，在真正实施之前判断其优劣、改进其不足、验证其实施效果，并可以在选定方案实施过程中起到辅助决策作用。旅游资源的虚拟体验在城市规划展览馆、博物馆、美术馆、会展中心已得到大量运用，给规划展览带来新的呈现手段，同时也产生了大量的新的虚拟旅游资源。

虚拟旅游可在网上实现，网上在线管理比起实地管理成本较低。旅游资源的在线管理模式成规模化趋势上升，但跟踪发现，其后期的维护与更新存在滞后性。比如，虚拟旅游在线管理出现一些"僵尸"或"休眠"网站，虚拟旅游不再是现实与虚拟的对接，而是对"过去"与"回味"的沉浸，满足不了旅游者的现实需求。

虚拟旅游资源需要管理。系列电影《博物馆奇妙夜》给旅游资源的管理提供了思路。如何将现实与虚拟各要素统一起来，将"活"的现实和"静"的虚拟想象结合，电影里的主人公莱瑞花了3个晚上的时间，实现了这个现实与虚拟各个要素的和谐相处，管理得相当出色，使得一度冷清的自然历史博物馆再度受到人们的关注，博物馆的盈利实现了好转。电影归电影，现实中的虚拟旅游以体验为主，主要的群体在青少年，相比较大量的游客数，体验的人次不算多；虚拟旅游场景的维护管理速度与虚拟体验的需求热情还有一段距离。

如果说虚拟旅游将现实与虚拟统一起来，实现旅游资源多种展现平台的管理，那么接下来的智慧全域旅游则是对全域旅游资源的协同、集成管理，营造旅游要素的和谐相处局面，实现信息化时代旅游业的可持续发展。

三、"互联网＋"智慧全域旅游

当前，旅游业是国民经济的综合性产业，是拉动经济增长的重要动力。以互联网为代表的全球新一轮科技革命正在深刻改变着世界经济发展和人们的生产生活，对全球旅游业发展正带来全新变革，旅游与互联网的深度融合发展已经成为不可阻挡的时代潮流。

"互联网＋"指的是依托互联网信息技术实现互联网与传统产业的联合，以优化生产要素、更新业务体系、重构商业模式等途径来完成经济转型和升级。"互联网＋"计划的目的在于充分发挥互联网的优势，将互联网与传统产业深入融合，以产业升级提升经济生产力，最后实现社会财富的增加。

全域旅游是把一个区域整体当作旅游景区，是空间全景化的系统旅游，是跳出传统旅游谋划现代旅游、跳出小旅游谋划大旅游，是旅游发展理念、发展模式上的根本性变革。由传统景点、景区旅游向全域旅游转型是中国旅游业发展的必然，全域旅游发展离不开"互联网＋"。

（一）全域旅游发展靠"互联网＋"

全域旅游发展靠智慧，靠"互联网＋"，理由有如下几点。第一，驱动"旅游＋"和"互联网＋"的车轮。全域旅游目的地建设，"互联网＋"增加了深度、厚度，"旅游＋"拓展了全域旅游目的地的广度。"旅游＋"和"互联网＋"影响着旅游业态和体验，旅游目的地建设也要在"旅游＋"语境下进行，需要寻找与城镇化、工业化、农业现代化、信息化、生态化之间的联系。第二，大数据价值在于分析力及解释力。大数据不在于大数据本身，而在于大数据分析解释能力。未来随着科学探索深入，会有很多大数据产品可以应用。如新浪微博产生的大数据，微博用户人数变化、兴趣偏好、品牌传播、签到城市、主要客源地等数据，都可以通过加工分析，成为新的数据产品。第三，公共景区的管理服务PPP。全国几万家景区，大多数景区归多个政府事业部门分割管理。缺乏游客服务管理能力、景点开发集中于观光旅游产品、热点景区旺季拥堵、降低假期质量等是目前存在的问题。对此，需要专业化景区管理公司形成公共部门与私营部门的伙伴关系（PPP，Public－Private－Partnership）来推动。景区管理对于政府管理来说，是实现全域旅游的重要途径。

可见，全域旅游的发展离不开"互联网＋"技术，但创新旅游品质和旅游体验永远是旅游发展的方向，互联网技术只是工具。

（二）互联网＋全域旅游

随着旅游的多元体的共同发展，我国开始进入了旅游业全域发展的一个格局。各地的旅游学术研讨会、旅游节日庆典、旅游产业发展大会都无例外地将"互联网＋全域旅游"列为会议的议题或讲话的内容之一，有些则专门开辟相关主题的研讨会，如浙江建德会议；同程旅游发布《同程旅游互联网＋全域旅游战略》是旅游企业的政策跟进。

如此火热的"互联网＋全域旅游"主题，背后的冷思考需要跟进。可能新事物的发展都是这样，先是概念的热操作，觉得这个新名词很值得玩味儿，于是会出现系列的吹风会和新颖论著文章，等虚火冷却下来后，才开始冷思考，重建设；"互联网＋全域旅游"同样应如此。

关于"互联网＋全域旅游"的认识，要突破三道思想线：互联网思维、旅游思维、全域系统思维。

互联网思维，就是在（移动）"互联网＋"、大数据、云计算等科技不断发展的背景下，对市场、用户、产品、企业价值链乃至对整个商业生态进行重新审视的思考方式。

旅游思维，其实就是对各种旅游资源的创新与整合，强调参与感与体验感,崇尚小而精,是亲社会的。"互联网+旅游"就是旅游发展在互联网方面作出一些新举措,运用新技术、新的管理理念和新的运作方式,通过旅游企业整合旅游资源,以适应新形势下的旅游业发展需求。

"互联网+旅游"体系分为两个层面,第一个层面是旅游"内部+"建设,第二个层面是旅游"+外部"融合。"内部+"建设包括旅游大数据中心建设和旅游服务平台、旅游管理平台和旅游营销平台这三大平台的建设;"+外部"融合要求旅游服务的融合、旅游营销的融合、旅游业创新的融合和旅游业投融资的融合。两者层层递进,互为补助,构成了"互联网+旅游"体系,共同促进旅游业的升级转型。

过去讲旅游,往往包含诸多要素,需要很多部门的联动才能完成一次完整的旅游活动,总体感觉到旅游业的相关行业独立性有余、衔接性不足,给旅游的发展带来一些不便。"互联网+旅游"的出现,给旅游业相关行业整合创造了便捷条件。当前,旅游业及相关行业的关联性空前增强,正是全域系统旅游观的用武之地。旅游业可看成一个全域的系统,旅游需要解决诸多复杂问题,整体观和全域观必不可少,运用复杂巨系统的思维才能解决旅游当前发展的关键问题。系统具有鲜明的整体性、关联性、层次结构性、动态平衡性、开放性和时序性特征,全域旅游的发展与管理应坚持和实践系统思维,而互联网为全域旅游的推行提供了途径。

关于全域旅游系统思维,魏小安教授提出六"全"思维,包括全要素、全过程、全结构、全体系、全管理和全推进,就全管理来讲,就是坚持公共服务为核心,建立合理的管理机制,营造政府主导、部门支持、市场主体、企业运作、社会参与、利益协调、和谐发展的全管理局面。

"互联网+旅游"模式集中体现于在线旅游方面。中国在线旅游市场自1999年起步以来,现供求规模快速发展。当前,在线旅游市场已进入多元化时代,在线旅游移动互联网正悄然改变旅游者外出选择方式。在线旅游企业成为旅游服务业重要经营主体,移动互联网技术和资本成为驱动在线旅游变革的双引擎。

(三)智慧全域旅游

全域旅游是将特定区域作为完整旅游目的地进行整体规划布局、综合统筹管理、一体化营销推广，促进旅游业全区域、全要素、全产业链发展，实现旅游业全域共建、全域共融、全域共享的发展模式。发展全域旅游，是贯彻落实新的发展理念、适应旅游业发展新形势、遵循旅游业发展内在规律的客观需要，是转变旅游发展方式、实现由门票经济向产业经济转变的内在要求，是优化旅游空间配置、开辟旅游业发展新空间的有效途径。

国家首先公布了一批全国首批全域旅游创建示范单位，通过试点示范和引领带动，有利于各地因地制宜、突出特色、塑造品牌，形成各具特色、开放包容、共建共享的旅游发展新生态；有利于充分调动各方力量、整合资源、优化配置，开创大旅游发展新格局。

参加首批验收认定的示范区单位在文旅融合创新示范、旅游扶贫富民创新示范、景城共建共享创新示范、景区带动创新示范、生态依托创新示范、休闲度假创新示范、资源枯竭转型创新示范、边境开发开放创新示范等领域形成了许多可复制、可推广的经验做法。

随着信息化的发展，"互联网＋旅游"的模式也走进旅游管理当中。旅游行业涉及多个部门，除了将旅游看成一个系统，全域开发；同样数字化管理也应该是一个体系，不能跨界隔开，而应无缝对接，这才是真正的智慧全域旅游管理。如果说全域旅游是旅游系统内容的协同整合发展的话，那么数字管理就是旅游业各种资源的优化整合管理。

当前，智慧全域旅游系统应用，云旅游是代表之一。云旅游就是旅游信息网络整合商之间的交互。基本表现形式是基于地图标注的表达方式，把位置服务和导航功能加入进来，把 Web 网站和手机端软件统一起来。云旅游可以嵌入资讯网众，也可以独立成网站，做成手机软件更佳。而云旅游的核心是建立一个数据中心，沟通旅游者和商家。

云旅游的数据分为公共信息数据和私有信息数据。公共信息如游览、服务场所的名称、数量、分布、质量等信息，主要由政府提供，旅游者通过本平台发布评论、攻略、感想；私有信息如企业的价格、活动、优惠、经营状况等信息，主要由企业提供，旅游者通过平台补充。云旅游的数据是由管理员和商家后台提交，经审查合格后才发布的，其中后台数据是经由自然资源部培训合格的审查人员审校。云旅游有导航、导游、导览、导购四大基本功能。

  智慧全域旅游管理应用，就是以旅游资源为基础，将旅游资源及相关看成一个系统，借助互联网技术达成系统要素的链接与整合，实现信息化、智能化的管理模式。

第六章　旅游资源保护

第一节　旅游资源开发与环境保护

旅游资源的开发与保护既相互影响又相互对立，两者是辩证的矛盾统一体，在辩证联系中共同改善旅游资源开发与环境保护的关系，推动旅游业的长期持续性发展。只有懂得保护好旅游资源及其环境，才能真正做到合理利用资源，确保旅游产业的全面和可持续发展，健康地走向光明的未来。

一、旅游开发对环境保护的影响

（一）旅游资源开发对环境的正面影响

在某些方面来说，开发本身意味着保护。良好的旅游开发可以为环境的保护与改善提供物质基础和条件，而且能实现旅游的良性循环与发展，对环境保护起到促进作用。

1. 良好的旅游开发可推动对自然资源、野生动植物及环境的保护

中国的旅游资源非常丰富，其中不少是国家级乃至世界级的，通过旅游的开发会改变人们的观念，增强对环境价值的知识。通过对旅游资源及环境的科学、合理开发利用，对自然资源加以发掘修复、保护而非令其"自生自灭"，以延长其生命周期，或对资源和环境进行改善、美化增加其可进入性。

2. 良好的旅游开发可促进对历史古迹、民族传统文化的保护和发展

各级政府加强了对历史旅游区治理污染和修复破坏的力度，整治和改造了许多重要文化遗迹，为我国文物古迹的保护做出了重大贡献。我国现已确

定大批文物保护单位,通过对人文旅游资源进行资料收集和整理,修葺历史遗迹,建立博物馆体系,挖掘整理文化遗产,使其重现光芒,形成了有中国特色的旅游文化圈,成就了人文旅游资源的第一道保护网。开发是旅游业发展的先导,是旅游资源价值的充分体现,资源保护的必要性也只有通过开发才能得以体现。

3. 良好的旅游开发可改善和提高环境质量

从另外一个方面来说,资源的开发促进旅游业的发展所带来的旅游收益,一部分可以通过各种形式返回资源地,用于资源和环境的改造、基础设施的建设。我国最美新疆坚持开发与保护并行,环境保护为新疆跨越式发展保驾护航,注重建设生态文明,加快构建生态安全屏障,确保"山川秀美、绿洲常在",采取最严格的措施精心保护生态功能区和著名旅游风景区,资源开发要确保对生态环境不造成大的影响,走资源开发可持续、生态环境可持续的发展道路。

4. 良好的旅游开发能发挥环境教育功能

伴随着旅游资源的深入开发,旅游者了解到更多的自然知识、生态知识乃至环境知识,引发了旅游者对人与环境、人与自然关系的进一步思考,提高了环境保护意识。目前遍及全球的生态旅游是最能发挥旅游环境教育功能的旅游形式,是解决人类21世纪面临的生态环境危机问题最佳的做法。

生态旅游是针对旅游业对环境的影响而产生和倡导的一种全新的旅游方式。生态旅游契合了人们追求返璞归真,充分体现人与自然、人与环境的和谐统一,发展生态旅游,不仅有利于优化自然生态环境和旅游产品结构,促进资源实现市场价值,而且对强化旅游"富民"功能,提高全民环境素养,加快推进城乡一体化进程具有重要的战略意义。

(二)旅游资源开发对环境的负面影响

旅游资源的开发利用中可能会不可避免地出现一些不和谐因素。长期以来,我国在旅游资源利用与保护方面做出了极大的努力并取得明显成就,实际上并没有解决旅游资源保护的本质问题。我国有些地区旅游资源的开发与保护,依然走的还是发达国家"先污染、后治理"的老路,片面追求经济效益，无视景区容量、放松旅游资源的保护和管理，使得旅游地生态环境状况恶化，甚至出现了资源萎缩的现象，严重影响了旅游资源的可持续利用。

1. 旅游资源开发和建设是以局部范围的破坏为前提的

可以说，没有破坏也就没有开发，破坏与开发在一定程度上是共生的。我国旅游业是一个新兴的产业，长期以来，一直都存在着粗放式的开发模式，受技术条件的限制，盲目、掠夺式的开发造成资源浪费、环境污染、生态失衡的现象不难少见，而这些破坏更严重的问题是难以恢复或修复的。

2. 旅游开发带来大量的游客对旅游资源造成的破坏

一方面，旅游开发带来了众多游客，大量游客的涌入，超过其承载力，从而给资源本身造成致命的损坏。如北京故宫很多地砖已被踏破磨平，地面下陷，增加了保护、修复工作的难度。

另一方面，旅游开发之后因管理不善产生巨大的污染源，破坏了资源环境，也会产生极大的破坏作用。

3. 旅游开发对当地民族传统文化的冲击

由于旅游资源（尤其是人文旅游资源）所具有的文化性，旅游开发带来的外来文化也可能是对当地文化旅游资源的毁灭性打击。尽管两种文化的交流和影响是相互的、双向的，但实际上，外来文化、外来旅游者对资源所在地的冲击和影响远大于他们所接受到的资源地的影响。旅游资源开发带来了诸多消极、负面的现象，资源所在地居民观念意识的变化，旅游地经济状况、经济意识、审美倾向、社会关系等改变，民俗风情的同化、商品化、庸俗化等，当地原本独特的文化逐渐消失，都会给旅游资源及其环境造成直接或间接的破坏。如现在很多地区和少数民族的民俗、节日庆典已经不再按照传统规定的时间和地方举行，而是为了迎合旅游者被随时搬上舞台，并且形式和内容上已经完全同质化和随意简洁、压缩，看似是保留了传统文化，实际上已失去了原本的精髓。

4. 过度的环境保护会妨碍对旅游资源的开发

资源的保护贯穿于开发的整个过程中，这是由旅游开发带来的负面效应所决定的。为"防患于未然"，防止因开发造成的破坏，有时候往往矫枉过正，容易导致片面强调环境保护，从而限制了对旅游资源的适度开发。过度的保护意味着无法对旅游资源进行开发，就不能体现出资源本身所具有的价值，旅游业也就得不到发展，经济利益的缺失会使得生态环境的维护也得不到保障。在旅游资源保护的过程中，不能一味地故步自封，应审时度势，适时、适地、适量地进行旅游资源的开发。

二、旅游资源与环境保护的意义

（一）旅游资源与环境保护是维护生态系统平衡的需要

环境保护已成为全世界人民的共同心愿，对于旅游业来说，旅游资源以及周围自然环境的保护显得尤为重要，从长远来看，有利于维持整个生态系统的平衡。生态平衡是指在一定时间内生态系统中的生物和环境之间、生物各个种群之间，通过能量流动、物质循环和信息传递，达到高度适应、协调和统一的状态。这说明，当生态系统处于平衡状态时，能量、物质的输入与输出在较长时间内持续趋于平衡，结构和功能处于相对稳定状态。

旅游资源的不合理开发对当地生态系统造成严重破坏，不仅影响当地生态系统的稳定，而且会给旅游的进一步发展带来难题。一般来说，生态系统具有自我修复、自我调节能力，能在受到外界压力的干扰时，保持自然的稳定，恢复到相对稳定的状态，不会产生非常严重的问题；一旦外界的压力超过此限度，生态系统的自我调节机制将会失灵，生态则向着恶性循环的方向发展，需要经过复杂的干预和长期的自我恢复，才能恢复原本的属性和功能。因此，对旅游资源和环境进行有效的保护，将破坏作用降低到最低的限度，使旅游资源地生态系统在一定程度上保持相对稳定的自我调节和平衡状态。

（二）旅游资源与环境保护是确保其永续利用的关键

环境保护已成为旅游发展中不可逃避的重要问题，保护旅游资源必须在保护环境的前提下进行，保护环境成为维护旅游资源永续利用的关键。面对旅游资源的不断损害和破坏，我们应该加强保护意识，使那些自然景观和文化遗产世代传承和永续利用。

自然景观是大自然和人类祖先的杰作，是历经一万年的自然和人类演变过程而得以保存下来的珍贵的旅游资源，具有极高的科考、生态、美学价值，这样的资源若不注意保护，将会使之失去原有的魅力和独特性。我们都有责任和义务去保护自然遗产，完整地交给我们的子孙后代，让人类赖以生存的地球得到保护，让载负的自然资源得到可持续利用。

中华民族有五千年灿烂的文化，遗留了重要的人文景观类旅游资源，拥有极高的历史、文化和艺术价值，这些资源不但是我国人民的珍贵财富，也是世界文化遗产，是全人类的共同财富，对于这些旅游资源都要进行严格保护。

（三）旅游资源与环境保护是旅游业可持续发展的保证

随着人类发展中各类环境问题的出现，可持续发展的概念逐渐被人们所接受。可持续发展的实质，就是要求旅游与自然、文化和人类生存环境成为一体。旅游业能否得以可持续性、长远发展，以及经济效益能否持续增长，关键在于旅游区的环境是否优美、旅游资源的影响力与吸引力是否强大。

旅游活动造成的环境和地方特色的破坏实际上是对旅游资源的消耗，进而使得旅游资源的特色和长期性逐渐消失，这样便失去了旅游业赖以发展的基础。旅游资源的保护是旅游业可持续发展的前提，也是旅游业发展的保证，要求人们应适度开发，不断提高生态环境承载力和旅游资源可持续利用的水平。

第二节　旅游资源保护手段

旅游资源是旅游业赖以发展的前提和基础，也是旅游者进行旅游活动的基本条件，旅游资源与所处的环境息息相关，比任何其他行业都更依赖自然生态环境和人文环境的质量。如果旅游资源一旦破坏殆尽，旅游业失去了依存的条件，也就谈不上开发了，因此，当务之急是保护旅游资源。

由于旅游资源大多具有难以恢复的不可再生性，因自然和人为因素造成的旅游资源不断遭受破坏乃至消亡的现象时有出现，而旅游业是对资源和环境依附性很强的产业，因此，加强旅游资源保护是一项非常必要且极为重要的任务，在更高的水平上实现人和自然完美的和谐统一。实现旅游资源保护的手段多种多样，主要包括法律、行政、经济、教育、技术五大手段。

一、法律手段

旅游资源保护的法律手段是指利用各种涉及旅游资源与环境保护的有关法律、法规，通过强制性来约束旅游开发者和旅游者的破坏行为，并根据所造成后果的严重程度，分别对违反的单位或个人进行批评、警告、罚款、赔偿，直至追究法律责任等措施，以达到对旅游资源进行保护和规范管理的目的。法律手段的基本特点是权威性、强制性、规范性和综合性，基本要求是有法可依、有法必依、违法必究。只有将旅游资源保护纳入法律条款，加强旅游资源保护的力度，才能使旅游资源保护真正得到落实。从立法的角度规定旅游资源的合理开发与保护，加强法治建设，健全旅游资源保护立法，使旅游资源保护有法可依，促进旅游业可持续发展。

中华人民共和国成立以后，随着中国旅游业的蓬勃兴起、竞争力的日益提高以及在国际旅游市场上影响力日益显要，中国政府积极投身于支持和参与保护旅游资源和环境的行动中，制定了一系列相关的政策和法规。我国的旅游资源保护法律体系是一系列与旅游资源保护密切相关的法律、法规的总称。从国家颁布的相关法律及行政法规到一些地方性法规，从综合性的基本法到各类单项法规，主要涉及旅游资源环境污染防治与保护的法律法规。

（一）国家法律及行政法规的保护

加强对旅游资源和旅游环境的保护，特别是对擅自砍伐林木、毁坏古树名木、滥挖野生植物、捕杀野生动物、超标排放污染物等行为，为旅游区的环境保护工作配备必要的专业力量和设备，建立健全规章制度，落实保护责任，依照相关法律法规进行处罚，切实加强对旅游区资源和环境保护的力度。

旅游资源保护法律的内容主要是旅游资源法。旅游资源法是调整人们在旅游资源的开发、利用、管理和保护过程中所发生的各种社会关系的法律法规的总称，它由一系列与保护旅游资源密切相关的法律法规组成。一般包括对国家公园（风景名胜区）、文物古迹、自然保护区、海滩旅游地、野生动植物资源、游乐场所、旅游设施等方面进行保护的法律、法规、法令、条例、章程等。

我国的旅游资源与环境保护工作要依照现有的参考性法规，依托如《风景名胜区保护管理暂行条例实施办法》《文物保护法实施条例》《自然保护区条例》《森林法》《森林公园管理办法》《土地管理法》《野生动物保护法》《环境保护法》《固体废物污染环境防治法》等单项旅游环境资源保护法，以及《矿产资源法》《森林和野生动物类型自然保护区管理办法》《水下文物保护管理条例》《地质遗迹保护管理规定》等有部分的相关规定。另外，我国的三级五类环境标准规定、处理环境纠纷程序的《环境行政处罚办法》《突出环境事件信息报告办法》亦适用于对旅游资源的保护范畴，还有一些其他相关法律，在我国民法、刑法、经济法、劳动法、行政法等相关法中含有大量有关保护资源与环境的规定。

（二）一些地方性法规的保护

各级地方政府制定了实施细则和办法等，北京、上海、福建、浙江等多个省（市、自治区、特别行政区）颁布了旅游管理条例，深圳、厦门两个特区颁布了旅游资源保护条例，如《北京市旅游条例》《厦门市旅游资源保护和开发管理暂行规定》《新疆维吾尔自治区旅游条例》《澳门旅游法》等。

二、行政手段

政府在发展旅游业及保护环境方面起着极其重要的作用。旅游资源保护的行政手段，主要是指各级政府及有关主管部门根据国家、地方所制定的环境和旅游资源保护方针政策、法律法规及标准，依靠行政组织，发挥行政部门的行政职能，运用行政力量，按照行政方式来管理和保护旅游资源的手段。

政府通过采取各种行政手段对旅游资源与环境实行系统管理。依靠各级行政机关或企业行政组织的权威，对旅游区内或周围一些严重危害环境的生产单位进行行政干预，直至令其转产、停产或强制搬迁等；动用行政手段制约旅游区内的各类活动，调节游客容量及制止游客不合理的旅游行为；审批和发放与旅游资源及旅游区开发保护有关的各种许可证；分配开发建设的资金，收取对危害性行为的罚款，对旅游区内重点建设及保护部分给予资金或技术支持等。

政府对于旅游资源与环境保护的行政手段主要可采取行政决定、通告，行政政策、措施、倡议，举办有利于旅游资源与环境保护的评选活动以及与旅游等相关部门综合治理或专项整治等措施。

三、经济手段

旅游资源保护的经济手段是指国家或主管部门，运用价格、工资、利润、信贷、利息、税收、奖金、罚款等经济杠杆和价值工具，调整各方面的经济利益，把企业的局部利益同社会的整体利益有机结合起来，制止损害旅游资源与环境的活动，建立资源与环境的保障机制。

旅游资源保护问题产生的根源来自只考虑经济利益而忽视造成的不良影响和长远发展，因此，本质上也是一个经济问题，经济手段在协调国家利益的经济活动和旅游资源与环境的关系上起到了一个十分重要的作用，采用经济手段来保护旅游资源与环境是一种行之有效的方法，能达到更好的效果。

（一）征收旅游税和环境资源税

旅游资源与环境保护相关的税收措施主要可通过两种税收（旅游税和环境资源税）来实施。一是征收旅游税。旅游税由国家和地方政府统一掌握、使用，主要用于旅游业发展的薄弱环节。一方面，将筹措的资金重点投向旅游资源与环境保护，改善旅游质量，如火如荼的"旅游厕所改革"便是典型。另一方面，政府通过增加或减免旅游相关行业或企业的税负，限制或禁止某些对旅游资源与环境可能造成污染和破坏的建设项目，鼓励和支持那些有利于旅游资源与环境保护的建设项目。二是征收环境资源税。主要针对开发、使用、破坏旅游资源和环境的行为作为征税对象，缴纳开发税、土壤保护税等，达到治理污染、净化美化旅游环境的目的。

第六章　旅游资源保护

（二）财政补贴

财政补贴也是非常重要的旅游资源与环境保护的经济手段之一，是指政府对旅游业经营单位和个人治理环境污染及其他保护旅游资源和环境的活动、行为给予的资金补贴。世界上许多国家的政府都对控制环境污染的活动或行为给予财政补贴。丹麦政府补贴，使其停止向水体排放营养物质，极大地遏制了水体的富营养化，德国政府针对老工厂进行设备技术改造给予补贴，荷兰政府对清洁生产给予大量的资金支持，这些措施对改善环境都取得了显著的效果。

（三）旅游产品收费

旅游产品收费是指针对某些旅游产品本身所具有的污染特性（包括潜在的污染危害），为了限制和禁止有污染物的旅游产品的开发所造成的环境破坏行为而收取一定的费用。利益是永远的驱动力，只有实施有效的收费和监管，抑制污染旅游产品的生产和消费，才能实现对旅游资源与环境的保护。

（四）生态补偿制度

生态补偿是指对开发、利用自然环境资源的生产者和消费者征税，用于补偿或恢复开发利用过程中对生态环境造成的破坏，如矿产资源开发税、森林开发税、自然资源开发税和土地增值税等。生态资源补偿费征收对象主要是那些对生态环境造成直接影响的组织和个人。征收主体是环境保护行政主管部门，所征收的补偿费纳入生态环境整治基金，用于生态环境的保护、治理与恢复。征收方式采取多元化，可按投资总额、产品销售总额付费方式、按单位产品收费、使用者付费和抵押金收费的方式征收。

（五）环保融资渠道

为了使保护工作落到实处，必须有稳定的保护资金来源。旅游区应设立旅游资源及环境保护基金。资源及环境保护资金可通过国家补助、社会资助、国际援助等方式，并实行旅游区资源有偿使用等多种渠道筹集。旅游资源的有偿使用，可通过向旅游区内获利的经营、服务性项目收取特许经营费，向旅游区外的宾馆、饭店、餐饮、商业销售、旅行社、交通运输等受益于旅游区资源的经营单位，征收旅游资源保护税等方式征集。还可通过谋求贷款、发放债券、吸收国内外企业和民营者向旅游区建设及保护项目投资等方式筹资。

此外,还有征收排污费、保证金与押金、物质奖励与罚金、污染总量控制和排污权交易、利润留成等其他经济措施。

四、教育手段

旅游资源保护的教育手段是指通过各种宣传教育途径,向当地居民、旅游从业人员、旅游者等传播有关旅游资源保护的意义、正确的方法及有关的政策、法规、条例等知识,教育公众、提高人们对旅游资源和环境的保护意识,从而达到使公众自觉地保护旅游资源的目的。

提高环保意识需要多方面的努力,并从多方位、多层次做起,政府、旅游区、环保机构应创造条件,使当地居民、旅游从业人员、旅游者参与旅游区环境保护管理的全过程,不仅教育公众参与环境保护,也便于公众对整个旅游区环境质量变化及旅游活动环境行为进行监督。同时,加强《中国公民国内旅游文明行为公约》的贯彻落实,有计划、有步骤地开展文明出游等方面的教育,使文明出游逐步成为公民的广泛共识和自觉行动。

(一)对当地居民进行宣传教育

对旅游区当地居民进行旅游资源保护的宣传教育至关重要,一山一水,一草一木于居民来说皆是生存之本,祖祖辈辈传承的物质与文化是生命之魂,这些也是我们保护的最重要的旅游资源,政府和旅游相关部门通过宣传教育让他们意识到保护资源与环境的重要意义,自觉保护所生活的环境不仅能带来良好的经济效益,脱贫致富,还能将他们独具特色的当地文化传播到更多的人当中,让居民积极参与到资源保护工作中去,既当好当地资源的管理员,也做好环境保护的监督者。

同时,政府通过对当地居民进行法律法规的知识普及,并以法律的形式禁止居民擅自修建古建筑房屋,而由政府出资为其修缮,国家和政府的重视态度和环境保护的紧急性更能激起他们对生活的资源与环境进行保护的觉悟,发自内心地保护资源和环境,让他们付诸行动,从自身做起。云南丽江的纳西族有其独特的文字——东巴文,这也是目前世界上唯一还存活的象形文字,为了保护该文字不被遗忘以及传承东巴文化的语言精髓,将东巴文的学习纳入九年义务教育当中。文化应该是丰富多彩,百花齐放才是绽放文化的魅力。

（二）对旅游从业人员进行素质教育

目前我国旅游区的开发模式大多是由政府主导,企业经营与管理为辅,无论是旅游主管部门工作人员还是旅游区内的服务和管理人员,都属于旅游从业人员,针对他们应进行素质教育,尤其是环境保护这一块,加强资源保护教育与培训,以国内外的环境形势和旅游发展趋势、国家旅游资源与环境保护的法律法规为重点,使他们具备相关的知识和技能,提高他们对环境问题的综合管理和应急危机能力,这是非常有必要的,同时,还要增强他们对资源保护事业的责任感,以旅游资源保护为己任,使环保意识越发深入人心。旅游从业人员的素质提升,既有助于对旅游者起模范带头作用,还能真正有效地贯彻旅游区的资源保护落到实处。

（三）对旅游者进行道德教育

旅游者作为旅游活动的主体,他们的一言一行都关乎到旅游业的长期、可持续发展。旅游者环保意识的培养,于旅游资源保护来说,意义重大,既可以从旅游者的日常活动中加强,比如做文明人、行文明事;又可以在旅游过程中让他们体会和实践,意识到文明旅游的必要性。针对很多出国游,组团社都会对旅游者进行一个简短的文明旅游培训,这是极为重要且必须的。道德教育可以从多方面着手,利用平面宣传、形象展示,采取寓教于游的方式,如增设文明劝诫警示牌、文明监督岗等引导游客文明旅游,包括不乱扔垃圾、不随意践踏植物、不攀折花草等行为,禁止滥捕、滥杀或食用、采集野生珍稀动植物和向野生动物不合理的投食等,提高旅游者对旅游区资源与环境保护的认识,引导旅游者热爱、保护旅游资源和生态环境,教育其做一个生态旅游者、低碳旅游者、文明旅游者,逐步形成一个健康旅游的环境氛围,并使旅游者将保护环境落实到旅游行为中,做旅游资源与环境保护的卫士。

五、技术手段

旅游资源保护的技术手段，主要指在旅游区范围内应用和推广先进的开发建设及保护的科技成果与方法。常用的技术方法包括物理方法、化学方法、生物方法和工程方法等，人们利用和发挥它们各自的优势，将它们单一或组合使用以达到保护旅游资源与环境的目的。

技术手段针对受自然和人为因素损害的不同类型的旅游资源，在技术措施上也采用差别的保护方法。早在20世纪80年代初，我国就已经提出"防止环境污染，一靠政策、二靠管理、三靠技术"的观点，我国的旅游业发展必须以科技发展作为资源与环境保护事业的先导，以此为基础，来控制破坏、改善旅游环境，如果没有科学技术的支持和进步，不仅难以实现改善旅游环境质量的目标，就连控制旅游环境破坏也是很困难的。

为了更好地保护旅游区的资源与环境，应根据旅游区自身环境特点建立科学的旅游资源与环境监测机制，运用先进监测技术，定期、定点、流动性地动态监测，及时发布旅游区生态环境状况和发展趋势，为旅游资源与环境治理及改善提供科学依据；同时，加强各旅游区管理机构对旅游资源保护状况监测和督查，定期提供监测评价报告，建立资源保护及管理信息系统。这些均属于科学技术措施，也是更高层次的资源保护措施。

（一）物理方法

旅游资源保护的物理方法，是指通过某些设施、设备或方法的物理作用，来达到处理污染物和保护旅游资源的目的。

1. 自然旅游资源保护常用的物理技术方法

（1）水资源保护的常用物理方法

污水处理的物理方法是指通过物理作用来清除废水中污染物的方法。这里所说的污水主要是指旅游景区在经营过程中所排放的生活污水，如不加以处理而直接排入周围环境，将对旅游资源及环境造成破坏与污染。

①沉淀法

沉淀法是利用水中悬浮颗粒与水的密度差进行分离，当悬浮物的密度大于水时，在重力作用下，悬浮物下沉形成沉淀物。通过收集沉淀物和浮渣可使水得到净化。沉淀法可以去除水中的沙粒、化学沉淀物、混凝处理所形成的絮体和生物处理的污泥，也可用于沉淀污泥的浓缩。

②上浮法

上浮法主要用于分离水中的轻质悬浮物，如油、苯等，当悬浮物的密度小于水时，则上浮至水面形成浮渣（油）。也可以让悬浮物黏附气泡，使其密度小于水，再用上浮法去除。

③过滤法

过滤法是去除悬浮物，特别是去除浓度比较低的悬浊液中微小颗粒的一种有效方法。过滤时，含悬浮物的水流过具有一定孔隙的过滤介质，水中的悬浮物被截留在介质表面或内部而除去。根据所采用的过滤介质的不同，可将过滤分为格筛过滤、微孔过滤、膜过滤、深层过滤四类。在污水处理中，常用深层过滤处理沉淀或澄清池出水，使过滤后出水浑浊度满足用水要求。

④物理吸附法

物理吸附是指溶质与吸附剂之间由于分子间力而产生的吸附。其特点是没有选择性，吸附质并不固定在吸附剂表面的特定位置上，而多少能在界面范围内自由移动，因而其吸附的牢固程度不如化学吸附。现在主要使用的物理吸附剂是活性炭。

⑤其他物理方法

在污水处理中，还有吹脱法、气提法、蒸发法、结晶法等多种物理方法，在污水处理中应用也较为广泛，同样发挥着重要的作用。

（2）大气保护的常用物理方法

大气环境也是重要的旅游资源，对它的保护也刻不容缓。大气保护的物理方法是指通过物理作用来清除大气中污染物的方法，一般来讲，大气中的污染物主要有颗粒污染物和气态污染物。

①治理颗粒污染物的常用物理方法

大气中颗粒污染物与燃料燃烧关系密切。减少固体颗粒污染物的排放方法可以分为两类：一是改变燃料的构成，以减少颗粒的生成；二是在固体颗粒排放到大气之前，采用控制设备将颗粒污染物除掉，主要包括对一些除尘设备的使用，主要分为机械除尘器、过滤式除尘器、湿式除尘器、静电除尘器四种。

②治理气态污染物常用的物理方法

气态污染物种类繁多，治理方法和设备也可分为两类，即分离法和转化法。分离法是利用污染物与废气中其他组分的物理性质差异使污染物从废气中分离出来的方法，如物理吸收、物理吸附、冷凝、膜分离及电子束照射净化等。膜分离技术应用于气态污染物是一种较新的分离方法，具有节能的优点；电子束照射净化法是20世纪80年代末发展起来的，可同时脱硫和氮，并且投资少，运行费用低，系统结构简单，操作容易，副产品可作肥料，无二次污染。

2. 人文旅游资源常用的物理技术方法

(1) 对纸质文物的保护

文物害虫是威胁纸质等有机质地文物安全的主要因素之一。一种是较为简便易行的方法。对纸质文物加装紫外光灯进行定期照射，可有效杀灭害虫及微生物等，缺点是对氧化、腐蚀性气体等无效；另外一种是目前国内采用的充氮降氧密封保存新技术。将文物放在密闭空间内，通过充氮置换，除去空间内的氧气及腐蚀性气体。不仅具有防虫的功效，而且还是一种非常理想的无毒杀虫和防霉菌、抗氧化方法。

(2) 对铜器的保护

传统的修复方式不仅难以操作和保证修复质量，对薄壁、形状图案复杂的青铜器更难奏效。我国创制出完备的激光焊接青铜器技术成功应用于铜器的保护，将激光聚焦为很细的高能量密度光束直接照射至青铜器断裂处，与青铜材料相互作用，使材料局部加热、熔化，实现焊接。焊接过程中施以氩气侧吹法，保护被焊接部位免受氧化。

(二) 化学方法

旅游资源保护的化学方法，是指利用化学物质与污染物的化学反应，改变污染物的化学或物理性质，使污染物改变其存在状态，最后使其减少或者转变为其他无害物质的一种方法。

1. 自然旅游资源保护常用的化学技术方法

（1）水资源保护的常用化学方法

污水处理的化学方法主要是指利用向污水中投加一种或某几种化学药品，与污水中溶解性的污染物发生化学反应，使污染物生成沉淀或转化为无害物质的方法。主要有化学沉淀法、离子交换法、混凝法、氧化还原法、中和法等。

①化学沉淀法

向污水中加入某些化学物质，使它与污水中的溶解性物质发生置换反应，生成难溶于水的沉淀物质，以降低污水中溶解物质的方法。按使用沉淀剂的不同，化学沉淀法可分为石灰法（又称氢氧化物沉淀法）、硫化物法和钡盐法。这种处理方法常用于含重金属、氰化物等工业生产污水的处理。

②离子交换法

离子交换法是一种借助离子交换剂上的离子和水中的离子进行交换反应而除去水中有害离子的方法，具有去除率高、可浓缩回收有用物质、设备简单、操作控制容易等优点。主要用以制取软水或纯水、回收贵重的金属离子和放射性废水和有机废水的处理。

③混凝法

向水中投放混凝剂可使污水中的胶体粒失去稳定性凝聚成大颗粒下沉。该法可用于降低污水的浊度和色度，去除多种高分子物质、有机物、某些重金属毒物和放射性物质等，也可以去除能够导致水体富营养化物质，如磷等可溶性无机物，此外，还能够改善污泥的脱水性能。

④氧化还原法

利用液氯、臭氧、高锰酸钾等强氧化剂或利用电解时的阳极反应，将废水中的有害物质氧化分解为无害物质；利用还原剂或电解时的阴极反应，将废水中的有害物质还原成无害物质。还原法目前主要用于含铬污水的处理。

⑤中和法

用于处理酸性和碱性废水。向酸性废水中投加碱性物质如石灰、氢氧化钠、石灰石等，使废水变为中性；对碱性废水可吹入含有二氧化碳的烟道气进行中和，也可使用其他的酸性物质进行中和。

（2）大气保护常用的化学方法

大气保护的化学方法主要是指利用化学物质与大气污染物的化学反应，改变污染物的化学性质，使污染物改变存在状态，最后使其减少或转变为其他无害物质的一种方法。大气保护的化学方法主要用于气态污染物的处理，常用方法包括化学吸收法、催化法、燃烧法等。

2. 人文旅游资源常用的化学技术方法

（1）对铜器的保护

粉状锈是青铜器文物出土遇到的最大"天敌"，一件青铜器在地下可以保存数千年，而出土后遭粉状锈侵蚀不到 30 年就会面目全非。并且粉状锈具有极强的传染性，能迅速扩散渗透到青铜器内部，将青铜器变成粉末，还会通过飞沫传播，使整个库房的青铜器在一两个月内全部受到感染。我国摸索出一套过氧化氢纸浆糊敷与注射点滴相结合的工艺清除粉状锈，此方法安全快捷、操作简单、成本低廉、便于推广。

（2）对壁画的保护

壁画文物经常出现起甲、酥碱等现象。我国从 50 年代起采用天然高分子材料如胶矾水、动物胶、植物胶和合成高分子材料如环氧树脂、聚乙烯醇、聚醋酸乙烯树脂等对壁画及其他相关文物进行修理与保护。目前在壁画文物的起甲、酥碱治理及修复中，天然高分子材料已被广泛采用。

（三）生物方法

旅游资源保护的生物方法，是指通过利用植物、动物、微生物本身的特有功能，以达到监测、防治环境破坏和污染，以及美化、净化、绿化旅游环境的作用。

1. 自然旅游资源保护常用的生物方法

（1）植物在旅游资源保护中的应用

植物是生态系统中的生产者，也是自然生态系统的改造者。它不仅能够调节气候、保持水土，而且能够净化空气和污水、降低噪声、监测大气污染，对旅游资源的建设和保护起着非常重要的作用。

此外，还有一些植物能起到环境监测的作用。有些植物在有害气体中会叶落枝枯，而另一些植物则生长如常。根据这种差异，可选择一些对环境污染反应灵敏的植物，将它们作为指示植物，对环境进行监测。如紫花苜蓿、胡萝卜、菠菜可以监测二氧化硫，郁金香、杏、梅、葡萄可以监测氟气，苹果、桃、玉米、洋葱等可以监测氯气。

（2）动物在旅游资源保护中的应用

①许多动物能够处理垃圾等固体废弃物

如蜣螂对粪便有着良好处理能力，它们只花两三天的时间，就能把一大堆牛粪清理干净。澳大利亚曾从中国引进了大量蜣螂，被牛粪污染的草原获得了新生；再如蚯蚓是清除垃圾的能手，它能分解果皮、树叶、硬纸板、下水道污物和其他生活垃圾等固体废弃物。

②一些动物能够起到环境监测的作用

如利用乌贼可以对海洋环境污染进行监测。

2. 人文旅游资源常用的生物方法

①对木质文物的保护

我国大量的古代建筑和室内家具以木材为主，白蚁和蛀虫是最大的天敌，危害大。虫蚁防治的生物方法包括选用对于白蚁有天然抵抗力的木材，如柚木、红椿、臭椿、樟树、水曲柳；在古建筑或存放文物的房间的适当部位，摆放驱除虫蚁药品，如樟脑等，或利用生物之间的相克作用灭杀虫蚁。比如，竹鸡、白鹤、啄木鸟，都能啄食虫蚁，而燕子、蝙蝠、蜻蜓等都是虫蚁的天敌，对这些动物要加以保护。

②对丝绸文物的保护

我国开发出"无强度丝绸的微生物加固方法"技术，通过将生物菌渗透到木头、丝绸内部修复文物本身受损纤维素或生成纤维素填充本已疏松的文物内部，从而起到加固定型作用。如采用微生物材料进行加固保护湖北江陵出土的战国丝绸，不仅色泽不变，而且加大了拉力强度，还可以折叠、卷曲，随意拿取而没有任何损伤，使珍贵的丝织文物得以完好地展现在世人面前。

(四) 工程方法

旅游资源保护的工程方法,是指建造或利用围墙、堤坝、沟渠、桥梁、支柱、护架、护坡等各类建筑物,以达到保护旅游资源与环境的目的。

1. 自然旅游资源保护常用的工程方法

有些时候,旅游资源和环境的保护还需要使用工程技术的方法。将自然保护区划分为核心区、缓冲区、旅游区、过渡区四部分,各部分根据自然条件、动植物种类特点再划分出许多不同的小区域,并分别采取不同的管理保护措施。如为蝙蝠建造人工巢、修建蝙蝠过冬区,在"过冬区"里建起隔离墙、安装取暖设备、投撒食物以帮助蝙蝠过冬;自然保护区投入巨资整治河流堤岸、修建闸门,进一步调节和控制河流水位和水流速度保护水生动植物。

2. 人文旅游资源常用的工程方法

(1) 对历史建筑和文物古迹的保护

当历史建筑、文物古迹等因自然风化或人为破坏而破损时,就需要在保持原貌的原则下,采用原材料、原构件,通过工程方法进行必要的修复加固,必要时还可用现代构件进行加固,切忌因"翻新"而失去"古"的特色。如为保护秦陵兵马俑而在发掘现场修建博物馆、室内展览馆,为保护成都金沙古蜀文化遗址而在遗址上修建博物馆,为了保护华清池温泉,在温泉上面建了一座唐式建筑物等,皆是通过工程方法保护古遗址的例证。

(2) 对古代桥梁的保护

当古桥梁面临建筑安全危险时,亦需要对古桥梁采取工程办法进行保护。如赵州桥是我国造桥史上的代表杰作,被誉为"华北四宝"之一。因河水严重污染,直接威胁古桥安全,为保护这座古代名桥,采取了"合理防渗,片石护坡,清淤浚河,污水绕行"的治理方案,在桥附近500米左右的上游和下游各筑一道坡坝,在河岸北侧开挖一条明渠,与现有溢洪道相连,污水改行原液河溢洪道。

(五) 其他方法

除此之外,还有空间技术方法、电子计算机方法、电子方法、医学方法等，都在近年的旅游资源保护工作中起着重要的作用。其中，敦煌莫高窟的数字展示中心最为引人注目，4K 超高清影片《千年莫高》和全球首次采用 8K 高分辨率技术拍摄的球幕电影《梦幻佛宫》，让游客获得了全新"数字敦煌"视觉体验。

综上所述，在对自然和人文等众多旅游资源的保护工作中，单一使用某种方法难以取得很好的效果，只有综合运用多种科技方法，才能对旅游资源进行有效的保护。

第三节　旅游社区健康发展

旅游是在社区之间展开的活动，社区是旅游发展的依托，没有社区的健康发展，就没有旅游业的健康发展。单独依靠旅游管理和经营部门很难保证旅游顺畅、高效进行。通常在旅游资源开发过程中，旅游社区居民也被视为开发的客体，投资者和游客享受了旅游带来的积极影响，面对如生态环境恶化、传统文化丧失、社会价值观扭曲、旅游收益分配不公平等消极影响，却是社区及其居民承担，由此引发了严重的分配不公和矛盾冲突。

社区及其居民在旅游资源保护中的作用必须得到重视，当地社区及其居民的利益不容忽视。坚持以人为本、全面、协调、可持续的科学发展观，从社区参与的角度思考，寻求实现旅游社区健康发展的新模式，改变过去那种把社区排除在旅游经济发展之外，主要从旅游社区增权、旅游生态补偿、社区利益共享方面阐述，使社区在旅游业发展中由游离转向参与、由被动转向主动、由对立转向合作，积极引导社区健康发展，才能更好地促进旅游资源的保护。

一、旅游社区增权

（一）旅游社区增权的概念和实质

旅游社区增权是指对社区参与旅游的进一步拓展，将传统的"自上而下"的社区参与方式改变为"自下而上"的合法增权形式，是提升社区参与有效性的重要途径。其实质是通过增强当地社区在旅游开发方面的控制权、利益分享权和强调社区在推动旅游发展方面的重要性，使社区居民从被动参与转向主动参与，获取旅游发展中的决策权，保证当地居民的利益最大化并且能够部分地控制旅游在地方的发展。

（二）旅游社区增权的主体与受体

由于旅游社区增权在空间上表现为外部增权和内部增权两种类型，因此社区增权的主体和受体也相应出现了两种情况：

第一，就外部制度性的增权而言，制度创新无疑涉及多元的利益主体，须有不同主体的协同创新才能得以实现。外部增权主要是从国家法律和制度层面对社区及其居民进行增权，因此外部增权的主体是国家权力机构和各级政府，而受体则是旅游目的地社区及其居民；

第二，以自主增权为核心的内部增权，重视旅游目的地社区及其居民在旅游发展中的主导地位，注重旅游目的地社区及其居民自身能力的培养、建设、充实、提升，因此内部增权的主体和受体有同一性，皆为旅游目的地社区及其居民。

（三）旅游社区增权的影响

旅游业发展迅速，随之而来的如资源保护、利益冲突等问题日益突出。其中社区居民作为旅游发展中的重要参与者，即是问题产生的源头也是解决问题的主体。其旅游发展过程中的参与程度、满意度、旅游资源保护之间的关系如何直接影响着旅游业的发展。而社区居民的参与程度、满意度与社区旅游发展中拥有的权利大小相关。目前来看，国内社区居民普遍拥有的权利不足，因此，社区增权很有必要。

社区增权对旅游资源的保护有很大的影响，主要表现在：①社区增权可提高社区旅游发展过程中的参与度、满意度。社区参与满意度与旅游资源保护的完整性之间有着显著的正向影响关系，即社区参与旅游的满意度越高，居民的旅游资源保护意识越好，更加愿意积极主动保护本地旅游资源，旅游资源保护的完整性也就越好；②居民在政治、文化层面的参与旅游资源的程度越高，更愿意去保护旅游资源。

（四）基于社区增权保护旅游资源的实现路径

1. 外部制度增权的实现路径

外部制度增权是由国家权力机构根据发展状况而进行的制度安排，增权主体是全国人民代表大会和中央人民政府及各级地方性政府，从而保证了制度的合法性和强制性。其实现路径，可以从以下三方面进行：

（1）改革集体土地所有制

在旅游发展过程中，针对社区集体土地产权不完整而导致的权力缺失状况，国家应在法律和制度层面上改革我国现有的集体土地所有权制度，明晰土地所有权主体资格，明确各种旅游资源的使用权、收益权及处分权，赋予社区对于土地在法律上和实际上的处分权，消除由于处分权缺失而形成的地方政府代理集体行使处分权的"委托—代理"制度，使土地所有权得到真正的回归。

（2）加快旅游吸引物权立法

我国土地归集体所有，且现行法律并未对旅游吸引物权做出明确规定，因此，社区所提出的"旅游吸引物所获收益归社区所有"的主张得不到重视。从法律上来看，吸引物权实际上表达的是对物的利用，应属于土地产权中的"他物权"。因此，作为设定在土地所有权上的吸引物权，也应随着土地所有制的改革而不断发展和完善。在当前社区参与旅游发展之中，应在旅游法或更高法律层次上为吸引物权订立条款，对旅游吸引物的归属权、处置权以及所获收益的索取权在法律上予以明确规定。

（3）对"集体"进行法人化处理

目前我国由于"集体"或"全体"在法律上具有确定性而事实上存在模糊性，其既不属于自然人，也不属于法人。在此情况下，各级地方政府在增权实施过程中会对"受体"的对象根据需要进行解释，这已成为制度性增权在实际操作中面临的最大障碍。为了保证集体所有权的实现，保证"集体"或"全体"真正拥有所有权主体地位，就必须对目的地社区集体进行法人化处理，使集体所有权能够在法人制度的框架下充分地行使。

2. 内部自主增权的实现路径

在自主增权实现过程中,政府不再以旅游资源的所有者、管理者和使用者自居;社区及其居民成为赋权群体和受益主体,社区旅游资源的使用权、旅游发展的决策权、控制权以及收益分配权由社区所掌握,社区及其居民通过社区内部力量来谋求自身利益的最大化。

(1) 成立社区旅游服务公司

社区应成立"以村委会为管理主体,村民全体参与"的社区旅游服务公司,代表社区行使土地使用权和旅游经营权,提高社区居民参与旅游发展的组织化程度,改变社区居民"散众"状态。在社区旅游发展和决策中,以"户"为单位,采取一户一票制,使得社区旅游发展的决策权掌握在居民手中,而不是被少部分社区精英所控制,实现社区及其居民的自主组织、自主管理、自主经营和自我服务。

(2) 进行信息增权和教育增权

在社区旅游发展过程中,处于弱势群体的社区居民由于信息的不对称常常不能做出理性的或者最有利的选择。社区及其居民作为旅游发展的利益主体之一,政府应当对其进行信息增权,使其合法地享有获得社区旅游发展、规划以及决策等相关信息的权力,防止政府和开发商利用信息不对称的优势而垄断旅游发展带来的收益;同时,还需要对其进行教育增权,以提升其组织能力、经营能力与管理能力。一方面,培养居民积极参与意识,使其意识到当地旅游资源的价值,只有意识上的根本转变,才能引导居民积极主动地参与到旅游发展中;另一方面,增强居民企业管理、资本运作以及市场营销等方面的知识技能,提升其参与发展旅游的信心和能力。

二、旅游生态补偿

(一) 旅游生态补偿的概念和内涵

1. 旅游生态补偿的概念

旅游生态补偿是指采用经济手段调节旅游开发经营所涉及的生态利益相关者之间利益关系的制度安排,主要目的是保护旅游地生态系统、促进旅游业可持续发展。

2. 旅游生态补偿的内涵

旅游生态补偿的内涵包括三点：

第一，区域主要集中在自然旅游目的地且类型多样。旅游生态补偿的区域主要集中在以自然旅游资源为主要吸引物的旅游目的地，因为这些区域生态环境的主要功能是旅游利用。自然旅游地的类型包含森林旅游地、山岳旅游地、都市自然遗产、农业遗产地等；其中，森林旅游地是被关注较多的类型。

第二，关注社区利益。由于旅游开发会不可避免地带来周边社区的参与及居民的机会成本，所以旅游生态补偿中社区居民是重要的利益主体。

第三，不仅关注生态环境破坏带来的相应补偿，还需关注旅游生态环境建设和某些重要生态系统保护带来的补偿。因此，从这个角度讲，旅游生态补偿与旅游资源生态补偿、资源使用费/占用费等领域有所区别。

（二）旅游生态补偿的利益主体和受偿对象

依据"谁利用谁补偿，谁受益（损害）谁付费"的原则，界定补偿主体、受偿者范畴。

1. 旅游生态补偿的主体有三类

（1）政府主体，包括中央政府、地方政府、景区的各级上级管理部门（如水利风景区归水利部管理等）。

（2）市场主体，包括生态环境的破坏者、相关的旅游企业经营者、从旅游中获益的个人（如旅游者）和企业。

（3）其他主体，包括各类环保组织和NGO及相关基金会。

此外，吴耀宇在对自然保护区的生态补偿研究中，认为不同级别的自然保护区应有不同的补偿主体层次，具有国家意义的自然保护区，政府作为享受生态服务的全体公民的代表来购买保护区的生态服务，对为保护区建设做出牺牲的社区居民给予补偿；还有研究者提出生态补偿中地方政府不是利益相关方的说法，他们认为，利益相关方特指生态利用、保护和建设利益范围内的相关利益群体，而地方政府没有进入该利益范围。本书认为，地方政府在旅游开发及其相应的生态补偿中具有举足轻重的作用，尤其是对景区的控制权和收益权方面，已经进入相应的利益范围，应该是旅游生态补偿的重要主体。

2. 旅游生态补偿的受偿对象可以分为两类

（1）对生态环境的补偿

这些生态环境不仅是旅游活动的环境背景，也是重要的旅游吸引物。

（2）对人的补偿

包括旅游带来生态破坏的受损者、由于发展旅游导致传统依赖环境生活且现在丧失部分生计条件的居民、旅游生态环境的治理者和维护者。

（三）建立生态补偿长效机制，保护旅游资源

保护旅游资源，建立生态补偿长效机制，不仅需要社会完善的法律法规作为实施的基石，更需要国家政策方针的引导和推动。

1. 政策措施

生态补偿是涉及多个行业的大问题，根据国家生态补偿政策，结合生态补偿主体的特点，制订生态补偿政策，包括有利于生态保护的财政转移支付政策、生态友好型的税费政策、相关产业扶持政策、合理的技术政策和有利于民心的扶持和就业政策，并确保政策措施具有积极、正确的导向作用。

2. 制度建设

完善生态补偿制度建设，是建立生态补偿长效机制的核心。建立生态补偿管理制度、评估制度、协商制度、仲裁制度和监督考核制度，合理调节各区域之间的矛盾，保证生态补偿的长效实施。

3. 法律法规

健全生态补偿法律法规体系，是建立生态补偿长效机制的重要保障。我国现有的法律法规都没有对生态补偿的相关内容做出详细的规定，要建立长效的生态补偿机制，生态补偿的立法已成为当务之急，通过立法，将补偿范围、对象、方式、补偿标准等的制定和实施确立下来。

4. 公众认知

公众是生态补偿机制落实的最终对象，应注重生态补偿的科普教育和大

众教育，提高群众的生态补偿意识。在制定生态补偿机制和规划时要充分鼓励公众的参与，采取"边学边做"的方法，通过项目实施，加强政府部门和社区组织的能力建设，并建立相应的生态补偿激励机制。

三、利益共享价值

（一）各利益相关者保护旅游资源承担的责任

1. 地方政府的责任

地方政府的责任在于坚持保护第一、搭建沟通桥梁。与其他利益相关者的密切联系造就了政府部门的独特优势，在统筹旅游资源保护的关系时，起到关键性的桥梁作用，以主导地位鼓励旅游企业、社会团体、社区居民、旅游者等在共享价值的实现中建立协作关系，主动地在发展规划、政策导向、资金支持、法律援助上为协调利益关系做出贡献，以确保旅游资源的保护与和谐可持续发展。

2. 旅游企业的责任

旅游企业主要承担合理利用和改善社区居民就业的保护责任。从企业的经营角度考虑（即为企业短期行为与长期发展战略的选择问题），或是从旅游资源保护开发的角度考虑（即为短期商业获利和价值长期存续的问题），旅游资源保护始终将占据首要位置，这就要求旅游企业在旅游资源的开发、经营中做到"合理利用"。在旅游企业占据社区居民生活、生产空间的事实下，其获得经济利益的同时应该主动承担起改善居民就业的责任，防患矛盾冲突于未然。扩大社区居民在旅游从业人员中的比例，不仅能够节约企业经营成本，避免带来人口在住宿、餐饮、交通上的成本增加，而且会提升对旅游资源保护与利用的效益。

3. 社区居民责任

社区居民主要承担着传承民族文化、支持旅游发展的责任。居民们应清楚地认识到，建立民族自豪感和自信心，传承传统文化及其所包含的民族精神是本区旅游发展的力量。保护旅游资源，社区居民都必须愿意并且做好准备，对本区旅游发展做出个人的贡献。这就需要居民们更多地了解如何按照可持续发展的原则进行生活，服从景区管理，不在景区内从事禁止活动，旅游经营遵守社会秩序，符合环境承载力要求，了解旅游资源的成因背景。居民好客的态度也是吸引旅游者前来消费的重要因素，其相互间的融洽关系是令旅游者愿意付出更多消费的动力，从而为社区居民带来更多的货币收益，提高自身生活水平。

4. 社会团体责任

社会团体的主要责任体现在发挥监督作用、协助旅游区运作。社会团体以其民间的中立身份，发挥在两个方面的监督：一是对政府的监督，社会团体对各级政府拨付的资金给予体制外的监管，增进政府管理的科学化、民主化，降低政府决策中的风险成本；二是对企业的监督，社会团体作为社会力量的代表，对企业行为进行引导，督促企业在追求利润的同时，承担相应的社会责任，增强保护生态环境的自觉性。同时，社会团体应利用其灵活性和自由性，参加不同类型的国际研讨会和学术交流会议，同其他国家的社会团体建立旅游资源保护合作交流机制，吸收各国旅游资源保护先进的研究方法、管理技术和经验，为本区旅游资源的保护提供前沿的意见和建议。

5. 旅游者责任

旅游者主要承担的责任是自觉爱护旅游区、推广旅游区。旅游者应该自觉遵守旅游区的秩序，注意个人文明，多观赏、少动手，不要因自身的行为对旅游区资源造成不可逆的伤害。旅游者的广域性为本区旅游资源的保护宣传起到以点带面的作用。旅游者如教师、摄影师、探险者、作家等，可以把游览后形成的生动的教学成果、摄影作品、文化创作等展出，也以多样化的形式向其他旅游者推广。

（二）建立有效的利益共享机制、构建共享价值体系

1. 明确责任与义务，普遍获益

要做到明确利益主体各自的责任与义务，坚持普遍获益的原则，建立利益共享机制。让政府部门、旅游经营者、社区及社区居民、旅游者均获得社会效益和经济效益，受到共赢的正向激励，实现旅游资源保护的可持续发展。建立利益表达机制、利益补偿机制，构建共享价值体系，开发策略与约束机制，完

善利益主体的责、权、利，提高利益主体尤其是弱势群体的参与意识，给予弱势群体一定的话语权，维护旅游资源保护的良性格局，保护旅游资源。

2. 坚持保护优先，全方位行动

统筹规划，坚持以保护为优先原则，全方位行动。在规划制定的过程中，需要社区、地方团体、旅游企业和公众的广泛赞誉与共同协商，邀请全民以咨询会、听证会、研讨会讨论，通过网络、书信和固定征信点等方式广泛收集各方意见和建议，引起社区居民、媒体舆论的广泛关注和高度重视。旅游资源的保护是一项长期性的系统工程，存在经济效益与社会效益、短期利益与长期利益之间的矛盾，利益主体要在培养系统利益观的基础上进行权益均衡，统筹协调，最终实现整体利益最大化。

3. 居民主动参与，长期利益共享

社区居民主动参与对自然环境的保护和文化的继承、保护和创新等方面。首先，社区居民参与自然环境的保护就是要杜绝破坏行为和将生态环境的利用控制在能够自我恢复的能力限度之内，使自然环境能够保持稳定平衡的状态，坚决避免无计划的掠夺性经营和过度开发造成的自然环境的退化衰弱现象；其次，社区居民必须提高自己民族文化的自觉性和主动性，自己决定文化保护、传承和发展的途径，同时当地的政府应宏观引导及调控，建立合理的开发机制，实现文化旅游资源的合理开发、保护和创新。

4. 搭建公众平台，共同监督

建立公众参与的监督体系和公众意见的反馈制度，实现共同监督的作用。建立公众参与的监督、举报体系，就是要把旅游资源的保护和利用纳入公众全方位、全过程的监督之下。"反馈制度"可以起到敦促相关职能部门认真对待公众提供的提议、举报、质询的作用。对反馈信息的及时合理处理，能增强公众参与的积极性，也会使得公众参与不再流于形式，从而起到真正有效的作用。为此，对公众参与的结果分析处理，不能仅仅停留在简单的陈述和分析上，要考虑到反馈信息受到公众参与主体的不同文化背景、生活习惯、社会经验等因素的影响，此外，对于是否采纳公众的意见也要做出解释和说明。

参考文献

[1] 常直杨. 乡村旅游目的地开发理论与实践 [M]. 北京：中国广播影视出版社，2024.01.

[2] 陈慧英. 乡村旅游发展理论实践与案例 [M]. 武汉：华中科技大学出版社，2024.01.

[3] 刘林星. 体验经济视角下体育旅游市场开发与科学管理研究 [M]. 长春：吉林出版集团股份有限公司，2024.04.

[4] 黄细嘉，李向明. 旅游资源管理 [M]. 北京：中国旅游出版社，2023.01.

[5] 张鹏杨. 旅游目的地管理案例集 [M]. 昆明：云南大学出版社，2023.06.

[6] 方田红. 风景资源学 [M]. 上海：华东理工大学出版社，2023.10.

[7] 马丽霞，杨霞. 乡村振兴战略背景下的乡村旅游规划与开发 [M]. 北京：中国书籍出版社，2023.03.

[8] 刘凯进. 乡村振兴背景下体育旅游发展研究 [M]. 长春：吉林科学技术出版社，2023.

[9] 卢明强. 文化旅游与管理研究 [M]. 长春：吉林出版集团股份有限公司，2023.10.

[10] 邓广山，陶科. 康养旅游发展实践探索 [M]. 成都：西南交通大学出版社，2023.02.

[11] 钟祥虎. 乡村振兴战略下的乡村文化建设研究 [M]. 北京：新华

出版社，2023.06.

［12］王双美. 旅游资源开发与管理研究［M］. 长春：吉林人民出版社，2022.08.

［13］董良泉，童涛. 旅游开发与区域经济发展研究［M］. 北京：中国商业出版社，2022.03.

［14］马潇著，韩英. 旅游景区开发与区域经济发展［M］. 太原：山西经济出版社，2022.03.

［15］王亚娟，刘晓杰. 定制旅行管理与服务系列教材定制旅行资源开发［M］. 北京：旅游教育出版社，2022.08.

［16］周建明，尹泽生，宋增文. 旅游资源研究［M］. 北京：中国旅游出版社，2022.12.

［17］郑光豹. 乡村振兴背景下的农村发展与人力资源开发研究［M］. 长春：吉林人民出版社，2022.09.

［18］郝迎成. 景区开发与管理［M］. 北京：北京理工大学出版社，2022.10.

［19］金辉. 旅游管理理论与实践研究［M］. 长春：吉林出版集团股份有限公司，2022.06.

［20］张卫婷，杨新宇. 生物资源及其旅游价值开发［M］. 西安：西北工业大学出版社，2021.01.

［21］张雪婷，徐运保. 旅游文化资源的开发与生态化建设研究［M］. 长春：吉林人民出版社，2021.12.

［22］郭坚. 体育旅游资源的整合与发展研究［M］. 北京：中国书籍出版社，2021.04.

［23］马潇，韩英. 旅游景区开发与区域经济发展［M］. 山西出版传媒集团；太原：山西经济出版社，2021.08.

［24］赵黎明. 旅游景区管理学第3版［M］. 天津：南开大学出版社，2021.01.

［25］张瑞智. 文旅融合中的旅游演艺产业化研究［M］. 北京：北京工

业大学出版社，2021.07.

[26] 石培华，黄萍，翟燕霞. 旅游景区发展的中国模式 [M]. 北京：中国旅游出版社，2021.03.

[27] 陈秋萍. 普通高等院校旅游管理专业类十三五规划教材旅游人力资源管理 [M]. 武汉：华中科技大学出版社，2021.03.

[28] 傅军军. 现代旅游管理理论与实践 [M]. 吉林人民出版社，2021.05.

[29] 陆向荣. 我国森林公园生态旅游开发与发展 [M]. 北京：北京工业大学出版社，2021.10.

[30] 石峰. 乡村旅游规划理论与方法研究 [M]. 北京：北京工业大学出版社，2021.10.

[31] 刘军丽，冉杰. 美食旅游理论研究与实践 [M]. 成都：四川科学技术出版社，2020.03.

[32] 范颖. 旅游开发导向下民族乡村文化空间生产研究 [M]. 成都：四川大学出版社，2020.12.

[33] 高松，徐昌贵. 新时期旅游产业创新发展研究 [M]. 长春：吉林人民出版社，2020.04.

[34] 纪小美. 旅游地名的时空变迁与社会响应 [M]. 上海：东方出版中心，2020.06.

[35] 陈瑞萍. 美丽乡村与乡村旅游资源开发 [M]. 北京：航空工业出版社，2019.01.

[36] 潘仕梅，秦琴. 旅游资源规划与开发 [M]. 广州：广东旅游出版社，2019.01.

[37] 马勇. 旅游规划与开发 [M]. 武汉：华中科技大学出版社，2019.07.

[38] 周少君. 海岛旅游开发规划要略 [M]. 广州：广东世界图书出版有限公司，2019.12.

[39] 陈蕊. 地域文化特色中新农村生态旅游设计的保护与开发 [M].

沈阳：辽宁大学出版社，2019.03.

［40］柴勇.旅游人力资源管理［M］.长沙：湖南大学出版社，2019.08.

［41］张艳萍，肖怡然，邓思胜.旅游资源学理论与实务［M］.北京：北京理工大学出版社，2019.12.

［42］王平，徐功娣.海洋环境保护与资源开发［M］.北京：九州出版社，2019.01.

［43］郭盛晖.中国旅游资源赏析与线路设计第2版［M］.北京：北京理工大学出版社，2019.11.

［44］李立安.基于乡村旅游规划中的开发与利用研究［M］.长春：东北师范大学出版社，2019.06.

［45］杨淇钧，任宣羽.康养环境与康养旅游研究［M］.成都：四川大学出版社，2019.09.